Who are you Working for?

이영대 지음

이가 많이 들어 은퇴를 준비하는 목공이 있었다. 사장은 그가 오랫동안 열심히 일해준 것에 대해 감사를 표시하며 마지막으로
채의 집을 더 지어줄 수 있겠냐고 물었다. 목공은 그러겠다고 대답했다. 그러나 마음은 이미 일을 떠나 있었다. 그래서 품질도 별로 좋지 않은 목재를
하고 대충대충 겉모습만 맞춰 집을 지었다. 집이 완성되었을 때 사장은 목공의 어깨를 두드리며 수고했다고 하면서 "이 집은 자네 것일세. 그동안 정
고마웠네. 자네 수고에 비하면 아무것도 아니지만 이 집은 내가 자네에게 주는 마지막 감사의 선물일세."라고 말했다.

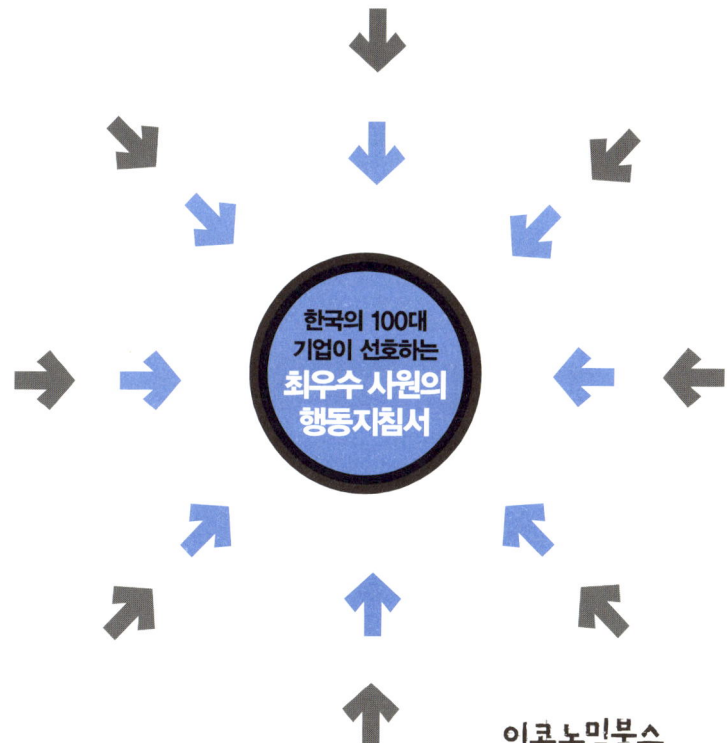

한국의 100대
기업이 선호하는
최우수 사원의
행동지침서

이코노믹북스

초판 1쇄 발행일 | 2008년 3월 5일
초판 5쇄 발행일 | 2009년 11월 25일

지은이 | 이영대
발행인 | 유창언
발행처 | **이코노믹북스**
출판등록 | 1994년 6월 9일
등록번호 | 제10-991호

주소 | 서울시 마포구 서교동 377-13 성은빌딩 301호
전화 | 335-7353~4
팩스 | 325-4305
e-mail | pub95@hanmail.net / pub95@naver.com

ISBN 978-89-5775-118-3 03320

값 10,000원

- 파본은 본사나 구입하신 서점에서 교환해 드립니다.
- 이 책은 저작권법에 의하여 보호를 받는 저작물이므로 무단 전재와 복제를 금합니다.

| 프롤로그 |

 나이가 많이 들어 은퇴를 준비하는 목공이 있었다. 사장은 그가 오랫동안 열심히 일해준 것에 대해 감사를 표시하며 마지막으로 한 채의 집을 더 지어줄 수 있겠느냐고 물었다. 목공은 그러겠다고 대답했다. 그러나 마음은 이미 일을 떠나 있었다. 그래서 품질도 별로 좋지 않은 자재를 사용하고 대충대충 겉모습만 맞춰 집을 지었다. 집이 완성되었을 때 사장은 목공의 어깨를 두드리며 수고했다고 하면서 "이 집은 자네 것일세. 그동안 정말 고마웠네. 자네 수고에 비하면 아무것도 아니지만 이 집은 내가 자네에게 주는 마지막 감사의 선물일세"라고 말했다.

 목공은 말을 잇지 못했다. 만약 이 집이 자신을 위해 짓는 집이라는 것을 알았다면 그는 최고의 재료와 정교한 기술로 최선을 다해 집을 지었을 것이다. 그러나 지금 이 집은 지진이라도 나면 폭삭 무너지고도 남을 정도로 허술하기 짝이 없었다. 후회해 봐야 이미 늦었다.

이것은 우화 같은 이야기일 뿐이지만 많은 사람들이 직장에서 목공과 같은 실수를 범한다.

매일 우리는 벽돌을 쌓고 널빤지에 못을 박고 담장을 올린다. 자신을 위해 짓는 집이라고 생각하면 누구나 하나하나에 최선을 다하게 된다. 이처럼 생각은 태도를 결정하고 태도는 일의 성패成敗를 좌우한다. 우리가 일을 할 때 언제나 최선을 다해야 하는 이유가 바로 여기에 있다.

그러나 많은 직장인들은 자신이 왜 일을 하는지 누구를 위해 일하고 있는지 목적의식마저 잊은 채 귀중한 하루하루를 흘려보낸다.

M사 5년차인 김대리는 9시에 출근하고 6시 퇴근종이 땡 침과 동시에 회사문을 나선다. 입사할 때는 청운의 꿈을 가슴에 품고 이 회사에 들어왔지만 5년이 지난 지금 상사에게 실망하고 월급에 불만만 가득한 채 더 이상 회사에 어떤 기대도 희망도 걸지 않는다. 그저 먹고 살기 위해 의무적으로 회사를 다닐 뿐이다.

S사 7년차인 홍과장은 직장에 출근하면 하루종일 바쁘다. 그러나 주의 깊게 관찰해 보면 사적인 일 때문이다. 업무의 대부분은 밑에 있는 직원들에게 시키고 자신은 더 좋은 직장을 알아보기 위해 정보수집에 정신이 팔려 있다. 외근의 기회가 오면 도맡아 한다. 사장과 상사의 감시망을 피해 자유롭게 개인사를 볼 수 있기 때문이

다. 홍과장의 머릿속은 언제나 '왜 내게는 기회가 오지 않는 거야'라는 원망으로 가득하다.

D은행 10년차인 이차장은 몸사리기의 달인이다. 자신 없는 일이나 잘 모르는 일은 절대 맡지 않는다. 하나라도 잘못되면 인사고과에 반영될 것이고 지점장 승진에 지장이 생길 수 있기 때문이다. 상사에게 인정받을 만한 일만 골라하고 절대 모험은 감행하지 않는다. 그의 신조는 '실력도 필요 없다. 처세만이 살 길이다. 첫째도 안전, 둘째도 안전'으로 안전 지상주의자를 자처한다.

현재 우리가 직장에서 뿌리고 있는 씨앗은 우리가 앞으로 거둘 미래의 식량들이다. 따라서 우리가 현재 하고 있는 모든 일은 우리 미래에 깊은 영향을 미치고 있다. 만약 김대리, 홍과장, 이차장과 같은 생각과 태도로 현재의 일을 대하고 있다면 천천히 각종 독소들이 침투하여 시간을 갉아먹고 그 자신들은 다가오는 기회들을 모두 놓쳐 버려 허송세월로 시간을 보내게 된다. 이 핑계 저 핑계로 자신을 위로하지만 결과적으로는 후회만 남게 된다. 나이가 들어서도 그저 평범한 직장인의 모습 이외에는 어떤 성공한 모습도 찾아볼 수 없다.

스미스는 미국의 프레스공장 프레스공이었다. 철판을 프레스 기계로 절단하는 일은 힘들고 위험한 일이었다. 공장에 입사한 첫날부터 그는 불평을 늘어놓았다.

"내 손가락 짤리는 거 아냐?"

"정말 힘드네, 이 일 정말 싫다."

스미스는 불평불만을 하면서 시간을 보냈고 자기만 고생을 하고 저임금에 노예처럼 일을 한다고 생각했다. 그래서 그는 항상 상사의 눈과 행동만 지켜보고 있다가 기회만 생기면 게으름을 피웠고, 그저 다달이 나오는 월급에 매달려 살았다.

금세 몇 년이 지나고 스미스와 같이 입사한 동료 4명 중에는 자신의 기술과 능력으로 더 좋은 프레스공장으로 간 이도 있었고 회사에서 대학을 보내줘 공부를 하고 있는 이도 있었다. 하지만 스미스는 여전히 자신의 신세를 원망만 하면서 프레스공 일을 하고 있었다. 머릿속은 언제나 좋은 직업, 고임금만 생각했다.

일자리를 찾으면서 높은 자리, 높은 임금만을 원하고 이로 인한 고생과 무미건조함을 받아들이지 못하는 사람들, 고객의 요구를 만족시키려 하지 않고 고객의 기대를 넘어서는 서비스를 제공하려는 생각조차 하지 않는 사람들, 열정을 잃어 일을 엉망으로 해결하고 항상 상사에게 이런저런 이유를 대는 사람들, 이것저것 따지면서 자신의 업무환경이나 일에 대해 불만을 표출하는 사람들, 이런 사람들은 반드시 정신을 차려야 한다.

"명심하라! 이것은 당신의 일이다!"

명심하라, 이것은 당신의 일이다! 나는 이 말을 모든 회사원들이나 공무원들에게 해주고 싶다. 일이 당신에게 가져다주는 자신감, 돈, 명예를 잊지 말고 겸허하게 일의 장점과 즐거움뿐 아니라 단순직의 지겨움, 고생, 상사의 꾸중도 함께 받아들이도록 하라.

그러다 보면 어느날 남들이 보지 못하는 기회를 발견하고 그 기회를 통해 승진을 하거나 자기 사업으로 성공의 반열에 올라선다.

이 책은 직장에서 성공하는 사원이 되기 위해 필요한 다섯가지 분야, 즉 '누구를 위해 일하는가?'라는 일의 목적에서 시작하여 일을 대하는 마음가짐, 일할 때의 태도, 직장에서 슬기롭게 살아남는 처세의 방법, 미래를 위한 자기계발의 5부로 나누어 구성되었다. 그리고 성공한 사람들의 경험담을 풍부하게 실음으로써 그들의 생생한 현장 경험을 통해 남다른 성공비결을 배울 수 있도록 했다.

이 책을 통해 일류사원이 되기 위한 지름길을 찾아 자아의 가치를 실현하고 인생의 정상에 서기를 바란다.

| 차례 |

프롤로그　　　　　　　　　　　　　　　　　　05

part 01　당신은 누구를 위해 일하십니까?
　　　　　01_ 일은 성공을 위한 날개　　　　　　15
　　　　　02_ 내가 그만두더라도 회사는 굴러간다.
　　　　　　　 자신을 위해 일하라!　　　　　　21
　　　　　03_ 실력이 곧 평생직장이다　　　　　27
　　　　　04_ 실패 속에는 성공의 기회가 있다　35
　　　　　05_ 적당한 휴식은 일을 위한 활력소　43

part 02　지금 하고 있는 일을 소중히 여기십니까?
　　　　　01_ 일에는 귀천이 없고
　　　　　　　 일을 대하는 마음에 귀천이 있을 뿐이다　53
　　　　　02_ 일에 대한 감사의 마음은 행운을 부른다　60
　　　　　03_ 부의 기회는 당신이 하는 일 속에 있다　67

04_ 오늘 열심히 일하지 않으면
　　　내일은 열심히 직장을 찾아야 한다　　　75
05_ 여러 마리 토끼를 쫓으면 한 마리도 잡지 못한다　84

part 03　사장의 마인드로 일하면 성공이 보입니다.

01_ 내 사업처럼 일하면 성공은 나의 것이다　　95
02_ 열정은 모든 것을 가능케 하는 신이다　　　105
03_ 시작이 반이다.
　　　행동이 일의 성과를 결정하는 시작점이다　116
04_ 직장에서 없어서는 안 될 인재가 되는 법　　127
05_ 일에도 우선 순위가 있다　　　　　　　　　136
06_ 일의 완벽함에는 끝이 존재하지 않는다　　　144
07_ 직원들의 창조적인 아이디어가
　　　살아 움직이는 회사를 만든다　　　　　　153

part 04　조직에서 슬기롭게 살아남는 법

01_ 충성은 직장에서의 생존방식이다　　　　　165
02_ 자신을 적극적으로 사장에게 부각시켜라!　174
03_ 조직에서 1+1=2가 아니라 2의 몇 배수다　183
04_ 인간관계는 곧 실력이다　　　　　　　　　190

part 05 오늘의 준비가 미래의 당신을 결정합니다

01_ 지식은 변화에 대처하는 최고의 무기다   201

02_ 역할모델을 찾아라   209

03_ 전문성은 가장 큰 경쟁력이다   216

04_ 현재 하고 있는 일의 모든 것은
       당신의 미래를 키우는 밑거름이다   223

후기   230

part 01

당신은 누구를 위해 일하십니까?

01_ 일은 성공을 위한 날개

새가 하늘을 날기 위해서는 날개가 필요하듯이
일은 우리가 목표를 향해 날아가기 위한 날개와도 같다.
일은 꿈의 시작점이라 할 수 있다.
그래서 일은 우리에게 소중하며 매순간 최선을 다할 가치가 있다.
일을 통해 자신의 능력을 발견할 수 있으며 성공의 고지로 올라설 수 있기 때문이다.

우리는 대부분의 시간을 직장에서 보내므로 원하든 원하지 않든 매일 일과 마주하며 살고 있다. 따라서 일이 만족스럽고 재미있는 사람들에게는 삶이 천국처럼 느껴지겠지만 지겹고 싫은 사람들에게는 지옥 그 자체일 수도 있다. 이러한 시간이 누적된다고 생각해 보라.

일에 만족하는 사람들은 모든 것을 긍정적으로 바라보고 경험이 쌓이면서 자신이 원하는 것을 하나 둘 이루겠지만 그렇지 못한 사람들은 원망과 후회만이 쌓여가고 중반의 나이를 넘어서면 꿈꾸

 part 1. 당신은 누구를 위해 일하십니까?

던 성공은 그저 남의 일로만 보일지도 모른다. 우리가 우리 스스로 만족할 수 있는 일을 찾아야 하는 가장 중요한 이유는 일은 이렇게 알게 모르게 우리들의 삶속에 깊이 뿌리내려 우리의 생각과 의식을 바꿔놓기 때문이다. 이런 생각의 차이는 결과적으로 각자가 도달하는 도착지를 바꿔놓는다.

그러나 문제는 처음부터 자신이 원하는 것에 딱 들어맞는 일을 찾거나 또는 직장에 들어가 하고 싶은 일만 골라서 한다는 것은 사실상 불가능하다. 그렇다면 방법은 자신에게 주어지는 일이 설사 만족스럽지 않더라도 눈앞에 있는 일에 대한 태도를 바꿔야 한다. 태도를 바꾸는 것만으로도 결과는 확연하게 달라질 수 있다.

올해 37세인 김민수씨는 한 중소제조업체의 부사장으로 재직하고 있다. 이 회사에서는 최연소로 부사장이 되었다. 그는 몇 년 전만 해도 고등실업자 신세였다. 일류대를 졸업하고 미국 유학으로 석사 학위까지 딴 그였기에 귀국을 하면 대기업 여기저기서 모셔 갈 것이라 잔뜩 기대를 하고 있었다. 귀국 후 바로 취업의 문을 세차게 두드렸지만 결과는 예상 외로 만만치 않았다. 대기업에서는 나이에 비해 실무경험이 없는 그를 원하지 않았고 중소기업에서는 그의 학벌과 능력에 걸맞은 급여와 조건을 제공해 줄 수 없었다. 다시 유학을 가 더 공부해 박사 학위까지 받아 대학교수도 생각했지만 우선은 공부할 돈이 없었고 설령 박사 학위를 받아도 교수자리는 취업보다 더 어려울 것 같았다. 일자리를 찾아 헤맨 지 3년의 세월이 흘렀지만 여전히 원하는 일자리를 얻을 수는 없었다. 수중에 돈은 떨어지고 더 이상 생계가 막막해진 그는 할 수 없이 자신의 학력을 속이고 제조업체의 상품 검수를 담당하는 직원으로 입사하였다.

예전의 그라면 현재의 일은 일이라고 말할 수 없으므로 하루종일 울분과 한탄으로 시간을 보냈을 가능성이 컸다. 그러나 돈도 없고 직업도 없는 3년의 시간은 그에게는 지금보다 더 지옥이었다. 제품을 검사하는 단순직이지만 해야 하는 일이 있고 그것을 통해 돈을 받을 수 있다는 것만으로도 그에게는 위안이었다. 딴생각 없이 매일 열심히 일에 매달렸다. 일에 집중을 하자 문제점도 보이기 시작했다. 이 회사의 제품은 원가가 높은 데 비하여 품질은 떨어지므로 경쟁력이 없었다. 그는 사장에게 시장점유율을 높이기 위해서는 개선이 필요하다고 제안했다. 단순직 사원 중에 이런 제안을 하는 사람은 한 명도 없었으므로 사장은 놀랍기도 해 그에게 관심을 가지기 시작하였다. 그리고 그의 말에 공감하는 부분이 있었기 때문에 사장은 작업 공정을 단순화하여 단가를 낮추고 남는 인력을 품질관리에 배치하여 품질에 집중하는 등 작업 과정을 개선하였다.

그 결과 상품의 시장점유율이 높아지면서 회사의 매출도 몇 배로 뛰기 시작했다. 능력과 숨어 있던 학력이 인정되어 그는 고속승진을 했고 결국에는 최연소 부사장의 자리에까지 오르게 되었.

만약 김민수씨가 자신이 원하는 일을 얻지 못했다고, 보통 사람들의 평균도 안 되는 월급에 좌절하면서 불평불만으로 일을 대했다

part 1.
당신은 누구를 위해 일하십니까?

면 결과는 불을 보듯 뻔하다. 자신 또한 사람들에게 단순직 노동자로 무시당하며 생계를 연명하고 있었을지도 모른다. 그러나 이전과는 다르게 작은 것에서 가치를 발견하고 그 속에서 의미를 찾는 순간 그의 인생도 달라지기 시작했다. 어차피 해야 하는 일이라면 최선을 다하자는 태도의 변화가 그에게 행운을 가져온 셈이다.

비록 학력에 비해 보잘것없고 작은 일이라 해도 그에게 좀더 나은 삶을 위한 날개를 달아주었고 비상할 수 있는 자신감과 용기를 주었다.

인간의 욕구에는 단계가 있다. 식욕, 성욕 등의 생리적 욕구를 일차적 욕구라 한다. 사회적으로 갖는 소속감, 안정감, 성취욕, 자아실현 등의 인격적 욕구를 이차적 욕구라고 한다. 사람들은 일차적 욕구가 충족되면 이차적 욕구를 추구하게 된다.

자신이 원하는 것을 성취하여 성공을 하는 것, 사람들에게 인정을 받는 것, 자아를 실현하는 것은 이차적 욕구에 해당한다.

만약 우리가 월급을 위해서나 가족 부양을 위해 일을 한다면 그것은 일차적 욕구를 해결하기 위해 일을 하는 것에 불과하다. 남들로부터 인정을 받고 꿈을 이루었을 때 느끼는, 즉 이차적 욕구를 실현했을 때 얻게 되는 삶의 진정한 즐거움은 맛볼 수 없다.

물론 생계유지는 우리가 일을 하는 가장 기본적인 이유다. 그러나 일은 또한 우리가 고차원적인 삶을 실현할 수 있도록 해준다. 일을 통해 자신을 표현할 수 있고 삶이 충실해지며 개인적인 사명감과 살아가는 이유를 가지게 된다. 우리가 자신의 꿈이나 포부를 위해 일한다면 삶은 더욱 풍요롭고 행복해질 수 있다.

다음의 일화는 같은 일을 하면서도 우리가 일하는 궁극적인 목적을 어디에 두느냐에 따라 삶은 풍요롭고 행복하게 바뀔 수 있다는 것을 보여준다.

교회를 설계한 건축가가 하루는 건축현장에 가서 인부들과 얘기를 나눴다.

첫 번째 인부를 만나서 "지금 어떤 일을 하고 계시나요?"라고 물었다.

인부가 짜증을 내며 대답했다.

"뭘 하냐구요? 보면 몰라요? 이 무거운 해머로 빌어먹을 돌멩이를 때려 부수고 있소이다. 이 돌이 얼마나 단단한지 내 손이 부서질 지경이요. 정말 사람이 할 짓이 아니라니깐. 에잇!"

두 번째 인부를 만나 똑같은 질문을 던졌다.

"지금 어떤 일을 하고 계시나요?"

두 번째 인부는 귀찮다는 듯이 대답했다.

"돌 깨는 일을 합니다. 일당 50불이라도 벌어야죠. 식구들을 먹여 살려야 하니까요."

다음 세 번째 인부에게 물었다.

"지금 어떤 일을 하고 계시나요?"

세 번째 인부는 눈을 빛내며 얘기하기 시작했다.

part 1. 당신은 누구를 위해 일하십니까?

19

"지금 저는 교회를 짓는 역사에 참여하고 있어요. 다 지어지면 많은 사람들이 이곳에 와서 예배를 드리겠죠. 돌 깨는 일이 힘들긴 하지만 제 손으로 지은 교회에 사람들이 와서 하나님의 은총을 받을 거라는 생각만 하면 가슴이 뿌듯합니다."

첫 번째 인부와 같은 유형의 사람들은 일을 어쩔 수 없이 해야 하는 의무와 같은 것이라고 생각한다. 목적이 있는 것이 아니라 그저 해치워야 하는 일에 불과하다. 그래서 조금만 힘들고 어려우면 때려치우고 싶을 뿐이다.

두 번째 인부와 같은 유형의 사람들에게 있어 일은 가족을 부양하기 위한 생계의 수단이다. 돈이 목적이고 일은 자기계발과는 무관하다고 생각한다.

세 번째 인부와 같은 유형의 사람들은 일이란 자신의 꿈을 실현하기 위한 과정이자 자신의 재능을 보여주는 무대라고 생각한다. 그들은 일에 자신의 열정을 불사르며 그 속에서 자기만족과 기쁨을 찾는다. 자아실현이 궁극적인 목적이다.

만약 당신이 사장이라면 셋 중 누구를 채용하겠는가?

그리고 가만히 눈을 감고 생각해 보라.

'과연 나는 세 인부 중 누구에 해당할까? 일하는 궁극적인 목적은 무엇인가?'

한 가지 분명한 사실은 당신의 생각에 따라 당신의 일은 짐스러운 노동이 될 수도 있고 자아실현의 무대가 될 수도 있다는 점이다.

02 _ 내가 그만두더라도 회사는 굴러간다. 자신을 위해 일하라!

생각은 행동을 결정하고 행동은 결과를 좌우한다.
따라서 자신의 운명을 결정하는 것은 자기 자신이다.
그러나 사장을 위해서나 월급을 위해 일한다고 생각한다면
일을 통해 자신이 얻을 수 있는 가치를 알 수 있을까?
만약 당신이 일에서 성공을 원한다면 가장 먼저 이 물음에 답할 수 있어야 한다.
'당신은 누구를 위해 일하십니까?'

직장인들은 사장으로부터 월급을 받는다. 그래서 많은 사람들이 자신이 사장을 위해 일하고 있다는 착각에 빠진다.

한 조사 결과도 이러한 직장인들의 생각을 잘 보여주고 있다.

몇 년 전 한 조사에서 초등, 중등, 고등학교 학생들에게 "너희들이 이렇게 매일 등교해서 힘든 생활을 하는 것은 누구를 위해서지?"라고 물었다. 그들의 가장 많은 대답은 바로 "부모님과 선생님을 위해서죠!"였다.

이들이 성장한 후 직장으로 찾아가 똑같은 질문을 던졌다. 결과

part 1. 당신은 누구를 위해 일하십니까?

는 어땠을까?

그들의 대답은 크게 다르지 않았다.

역시 가장 많은 대답은 "사장을 위해서입니다"였다. 이런 사람들이 자주 하는 말은 이런 것들이다.

"내가 죽어라 일하고 돈은 사장이 다 벌지."

"이것저것 다 시키면서 월급은 쥐꼬리만큼 준다고!"

"이것은 내 담당도 아닌데 도대체 왜 나를 시키는 거야?"

"대충해. 회사 일이지 내 일도 아니라고. 받은 만큼만 일하면 되는 거야."

대부분의 직장인들은 '일은 단지 사장을 위해 하는 것'이라고 생각하는 경향이 있다. 그들에게 있어 일은 사장과의 계약 관계이자 월급을 받기 위한 수단일 뿐, 자신과는 별로 관련이 없는 것이라고 생각한다. 이러한 생각을 갖고 있는 사람들은 일에서 기회를 찾을 생각도 하지 않으며 설사 기회가 주어져도 불평불만으로 시간을 흘려보내 버린다. 그렇게 시간이 흘러 중년이 되면 여전히 그 회사에 남아 자신을 알아주지 않는다고 회사를 원망하며 한탄으로 세월을 보낸다.

두 번째로 많은 답은 "월급을 위해서 일하죠"이다.

이런 사람들은 남을 위해서 일하는 것이 아니라 자신의 월급을 위해서 일하기 때문에 그 어떤 것보다 월급만 많이 받기를 원한다.

이런 사람들이 흔히 하는 말은 이렇다.

친구 "요즘 어떻게 지내?"

월급을 위해서 일하는 사람 "그럭저럭. 밥은 먹고 살아. 뭐 별 거 있겠어."

이 사람들에게 일은 자신과 가족을 부양하기 위한 생계수단이다. '호구지책'을 위해 일하기 때문에 일을 하면서 느끼는 만족과 즐거움은 없다. 눈앞의 이익만을 추구하므로 일은 자신의 발전에는 도움이 안 되는 의무일 뿐이다. 직장인의 대부분은 여기에 속한다.

가장 적은 수가 '자기 자신을 위해서 일한다'라고 대답했다.

이러한 사람들은 자신의 목표가 뚜렷하여 현재 자신이 왜 이 일을 하는지 정확하게 알고 있는 사람들이다. 일에 대한 긍정적인 태도와 열정을 가지고 있기 때문에 힘든 일이 있어도 극복할 수 있으며 앞으로 발전 가능성이 높다.

성공하는 사람들의 공통점은 목표의식이 뚜렷하기 때문에 언제 어떠한 역경이 오더라도 그것을 불굴의 의지로 극복한다는 사실이다. 목표가 있는 사람들은 남의 밑에서 일을 한다 해도 자신이 하는 일이 결코 남을 위한 것이라 생각하지 않는다. 자기 일처럼 생각하고 결국에는 자신의 일이 되는 것을 볼 수 있다.

강철업계의 성공신화인 찰스 슈왑의 일화는 이러한 사실을 분명하게 보여주고 있다.

슈왑은 미국의 시골에 있는 가난한 집에서 태어나 학교교육도 제대로 받지 못했다. 15세 때는 마부가 되어 생계를 유지했다. 그러나 야심만만한 그는 자신의 처지를 원망하는 것이 아니라 어떻게 하면 좀더 나은 사람이 될 수 있는지를 자나깨나 고민했다. 3년 후 슈왑은 강철의 제왕 카네기 회사 산하의 건설회사가 공사를 맡은 건설현장에서 일하게 되었다. 건설공사가 진행되면서 슈왑은 자신이 이 현장에서 가장 우수한 인부가 되기로 결심하였다. 다른 인부들이 "이 월급에 일은 힘들어 죽겠군!"하고 불평을 할 때 슈왑은 열심히 일하면서 착실하게 경험을 쌓아나갔다. 또 한편으로는 건축에 대하여 독학으로 공부했다.

하루는 동료 인부들이 잡담을 하며 떠들고 있을 때 슈왑은 혼자 구석에서 책을 읽고 있었다. 그 날 공교롭게 회사의 책임자가 현장을 둘러보기 위해 왔다가 책을 읽고 있는 슈왑을 발견했다. 그는 책을 이리저리 훑어보더니 아무 말도 하지 않고 가버렸다. 다음 날 책임자는 사무실로 슈왑을 불렀다.

"그것을 읽어서 무엇을 하려고 하지?"

슈왑은 다음과 같이 답했다.

"우리 회사에는 많은 노동자들이 있습니다. 그러나 경험이 있으면서 지식도 갖춘 기술자나 관리자는 거의 없다고 봅니다. 저는 둘 모두를 갖춘 직원이 되고 싶습니다."

책임자는 동의의 표시로 고개를 끄덕였다.

얼마 후 슈왑은 기술자로 승진했다. 같이 일하던 노동자 중에는 "많지도 않은 월급을 받고 왜 저렇게 목숨 걸고 일한대?"라고 그를 빈정대는 사람들이 있었다. 그는 그들에게 이렇게 말했다.

"저는 사장을 위해 일을 하는 것이 아닙니다. 돈을 위해서 일하는 것은 더더욱 아닙니다. 저는 제 자신의 꿈과 미래를 위해서 일하고 있습니다. 우리는 일을 통해서 자신을 발전시킬 수 있고 그 가치는 월급과는 비교도 할 수 없습니다. 가장 중요한 것은 우리가 일을 하면서 자신의 위치를 만들어가고 성공할 수 있는 기회를 얻는다는 사실입니다."

이러한 신념을 갖고 있던 슈왑은 한발 한발 성공으로 다가갔고 기술총책임자가 되었다. 그리고 25세가 되던 해에는 결국 이 건설회사의 사장이 되었다.

자기 암시라는 것이 있다. 성공하는 사람들의 특징은 미래에 내가 어떻게 될 것이라는 구체적인 그림을 머릿속에 그리고 또한 그렇게 되기 위해 노력함으로써 그림과 똑같은 일이 현실로 실현된다는 점이다. 슈왑의 성공 역시 머릿속에 자신의 미래를 끊임없이 그렸고 그것을 위해 한순간도 쉬지 않고 노력하여 얻은 결과이다.

우리가 항상 '이 일은 사장을 위한 일이야'라고 생각한다면 그 일은 언제나 사장을 위한 일일 수밖에 없다. 사장의 눈치를 보며 받는 만큼 일해주고 월말에는 노동의 대가를 돈으로 바꾼 것에 만족하며 살게 된다.

우리는 일을 하면서 돈보다 더 중요한 경험과 지식을 얻게 되고 자신을 발전시킨다. 이를 통해 자신의 가치를 높이며 원하는 미래

당신은 누구를 위해 일하십니까?

를 실현할 수 있다. 또한 회사 동료들이나 새롭게 만나는 사람들과의 인간관계를 통해 인맥을 쌓고 인격을 갖춘다. 자신의 능력을 펼쳐 보이며 자신감을 얻고 삶의 의미를 되새긴다. 월급은 우리가 일한 대가지 목적일 수 없다.

자신의 목표가 무엇인지 정확하게 파악하고 있을 때에만 우리는 일에 대하여 열정을 가질 수 있고 주도적으로 일할 수 있으며 자아실현의 꿈을 이룰 수 있다.

또한 어떠한 환경에 있더라도 외부의 영향에 흔들리지 않고 자신의 일에 매진할 수 있다.

5년 후의 나의 모습, 10년 후의 나의 모습, 20년 후의 나의 모습을 상상해 보라. 구체적으로 그릴수록, 상세하게 계획을 세울수록 원하는 목표는 실현 가능성이 높아진다.

자신의 집을 짓듯이 최선을 다한다면 어느 날 꿈은 현실로 내 앞에 다가온다.

03_ 실력이 곧 평생직장이다

불평불만과 변명은 당신이 할 수 있는 가장 쉬운 방법이다.
그러나 그러한 것들은 당신에게 어떠한 발전도 가져오지 않으며
오히려 상황을 악화시킨다.
알아주지 않는다고 불평하는 시간에 실력을 쌓고
성공을 위해 최선을 다한다면 되려 반대의 결과들이 나타난다.
직장에서 당신에 대한 평가 1순위는 회사에 대한 노고勞苦가 아니라 공로功勞다.
사람들에게 실력을 인정받는 순간부터 당신은 일을 찾아 나설 필요가 전혀 없다.
실력이 일을 부르는 평생직장이기 때문이다.

직장에서 쉽게 들을 수 있는 불만의 목소리는 이렇다.

"내가 그렇게 열심히 일하는데 사장은 모르는 것인지 모르는 척하는 것인지 진짜 속을 모르겠다니까."

"도대체 몇 년 동안 회사를 위해 죽어라 일했는데 만년 과장이 뭐야? 요즘 대입 초봉이 얼만지 알아? 내 월급보다도 많다니까. 내가 뭐가 모자라서 신입들보다도 적게 받는 거야?"

사장들은 일이 너무 바빠서 사원들이 회사를 위해 얼마나 열심히 일하는지 모르는 것일까?

part 1. 당신은 누구를 위해 일하십니까?

실제로는 그렇지 않다. 우리는 입사하는 순간부터 보이지 않는 사장의 레이더망 안에서 생활한다 해도 과언이 아니다.

사원들이 업무로 바쁜지 사적인 일로 바쁜지 머릿속을 읽고 있으며 어떤 사원이 '다른 회사로 옮길까?'라고 고민하고 있으면 흔들리는 눈빛만으로도 그 마음을 이미 간파하고 있다.

문제는 사장들이 눈치가 없는 것이 아니라 바로 불평불만만 하는 당사자들의 실력이다.

채동식과 김장우는 입사 동기다. 입사한 지 3년차가 되던 해 나란히 둘 다 대리로 승진했다. 그런데 최근의 인사이동에서 김장우만 과장으로 승진했다. 자존심이 상한 채동식은 몇 달 동안 일도 손에 잡히지 않고 다른 회사로 옮길까 고민하다가 사장을 찾아가 담판을 짓기로 결심했다.

> 채동식 사장님! 저는 솔직히 입사 이래로 회사를 위해 최선을 다했다고 생각합니다. 다른 직원들 퇴근할 때 혼자 남아 야근하면서도 불평 한번 한 적이 없습니다. 그런데 이번 인사이동에서 입사 동기인 김장우는 과장이 되고 왜 저는 변함없이 대리입니까?"

사장은 한참을 생각하더니 말했다.

> 사장님 그럼 지난 3개월 동안 우리 회사 제품을 구입한 고객들의 명단 리스트를 작성해 주겠나?

채동식 네, 내일 오후까지 가져다 드리겠습니다.

다음 날 오후 채동식은 약속 시간에 맞춰 리스트를 가져왔다.

사장님 제품 중에서 지난 3개월 동안 가장 많이 팔린 제품은 뭔가?

채동식 글쎄요, 제가 내일까지 제품을 판매순위 별로 정리해서 갖다 드리겠습니다.

다음 날 채동식은 판매순위 리스트를 가지고 왔다.

사장님 고객들의 명단을 검토했는데 VIP들의 주소만 정리한 것은 없더군. 그것도 정리해 주겠나?

채동식 네 그러죠. 내일까지 가지고 오겠습니다.

다음 날 리스트를 받아들고 사장은 채동식에게 잠시 남아 있으라고 말했다. 그리고 김장우 과장을 불렀다.

사장님 김과장, 지난 3개월 동안 우리 회사 제품을 구입한 고객들의 명단 리스트를 작성해 주겠나?

김과장 예 알겠습니다. 내일까지 가져다 드리겠습니다.

사장은 채동식을 돌아보며 내일 이 시간에 다시 오라고 했다.

다음 날 김과장은 두툼한 보고서를 가지고 들어왔다.

김과장 지난 3개월 동안의 판매를 순위별로 정리하고 그 아래로 고객 명단을 정리하였습니다. 그리고 VIP 고객 명단은 따로 뽑아 주소록을 만들었습니다. 이번에 새로 출시한 리퀴드 파운데이션의 반응이 제일 좋은 것으로 봐서 광고를 하면 더욱 판매효과가 좋을 것으로 생각되므로 판매촉진을 위한 광고방안을 작성해서 가져왔습니다. 필요하다면 프리젠테이션을 해야 할 것 같아 파워포인트로 작성했습니다. 그리고 지난 3개월 동안 구입이 많은 VIP들을 위한 프로모션도 따로 작성했습니다. VIP들을 위한 고급광고 책자를 만들어 발송하면 효과가 좋을 것이라 생각합니다. 지금 광고와 프로모션을 동시에 진행하면 경쟁사의 제품을 사용하고 있는 고객들까지 끌어들일 수 있는 적기라고 말씀드리고 싶습니다.

사장님 수고했네, 나가보게. (채동식을 돌아보며) 바로 이런 이유 때문에 자네는 대리 월급을 받고 있는 것일세. 솔직히 경쟁사에서 김과장을 스카웃해 갈까봐 요즘 걱정이야. 김과장이 제안한 광고와 프로모션을 진행해서 매출이 오르면 마케팅 부서를 맡길까 생각 중이네. 우리 회사를 위해서 꼭 필요한 인재니까. 저 친구한테는 월급을 주면서도 아깝다는 생각이 전혀 들지 않거든.

회사는 이익집단으로서 이윤을 남겨야 유지되고 발전할 수 있다. 사원들을 뽑고 월급을 주는 것은 회사가 사회를 위해 자선활동을 하는 것이 아니라 각 사원들이 발휘해야 할 능력과 창조력이 필요하기 때문이다. 이윤은 바로 사원들의 능력과 창조력이 만들어

내는 결과물이다. 따라서 사장의 머릿속에는 사원들의 등급을 매긴 피라미드 모양의 순위 리스트가 작성되어 있다.

제일 꼭대기가 '없어서는 안 될 꼭 필요한 인재'다. 그 밑이 '임무에만 충실한 직원들', 다음이 '자리를 채우고 있는 직원들', 가장 밑이 '빨리 정리해야 할 직원들'이다.

만약 어떤 직원이 사장이 생각하기에 없어서는 안 될 꼭 필요한 인재라고 한다면 과연 열심히 일해도 본체만체하고 업계의 평균도 안 되는 월급을 주면서 일을 시킬까?

또 참신한 아이디어로 회사의 매출을 올려주고 업계의 선두 자리로 끌어올려 주는 직원을 방치할 수 있을까?

꼭 필요한 인재들은 반드시 최고의 대우를 받는다. 이것은 불변의 법칙이다.

지금 내가 원하는 만큼 대우를 받지 못하고 있다고 밖으로 불평불만을 늘어놓는다면 그것은 어떤 면에서는 회사 동료나 사람들에게 나는 꼭 필요한 인재가 아니라는 것을 알려주는 꼴이나 마찬가지다.

우리가 끊임없이 실력을 키워야 하는 이유는 직장이라는 치열한 전쟁터에서 살아남기 위해서다. 남들보다 뛰어나다면 당연히 더 많은 보수를 받을 수 있고 더 좋은 대우를 받을 수 있다.

우리가 고민해야 할 것은 '사장이 왜 나를 알아주지 않을까?'가 아니라 '어떻게 하면 내 실력을 키워서 눈에 띌 수 있을까?'이다.

일은 당신의 재능을 펼칠 수 있는 수많은 기회를 제공하고 있고 그것을 볼 수 있는지 없는지는 개인의 능력에 달려 있다. 어떤 사람들은 자신에게 다가오는 기회를 살려 성공으로 연결하지만 어떤 사람들은 그것이 기회인지조차 알지 못한다. 기회는 끊임없이 노력하고 그것을 추구하는 사람들에게만 보이는 파랑새와도 같다. 기회를 알아볼 수 있는 것도 실력이라고 할 수 있다.

19세기 말 미국에서는 금광열풍이 불었다. 사람들은 부자가 되겠다는 꿈을 안고 금광을 찾아 몰려들었다. 시간이 흘러감에 따라 한 가지 문제가 발생했다. 바로 마실 물이 부족한 것이었다. 사람들은 한편으로는 금광을 찾고 한편으로는 마실 물을 찾아헤맸다. 저마다 금화를 내밀며 물을 달라고 애원하였다. 금을 찾아왔던 한 청년은 이 모습을 보면서 갑자기 좋은 생각이 떠올랐다.

'지금이 돈을 벌 수 있는 절호의 기회야. 만약 이 사람들에게 물을 팔면 금을 발견한 것보다 더 많은 돈을 벌 수 있겠군.'

이 날부터 청년은 금광을 파는 삽으로 수로를 파기 시작했고 거기에서 얻은 물을 병에 담아 금을 찾으러 온 사람들에게 팔았다. 사람들은 금은 안 찾고 이렇게 푼돈을 모아서 어떻게 한 몫을 잡겠냐고 그를 비웃었다. 그러나 그렇게 비웃던 사람들은 금을 찾지 못한 채 빈손으로 고향으로 돌아가야 했고 청년은 거액의 돈을 들고 돌아갈 수 있었다. 비록 푼돈이었지만 금을 찾으러 온 수많은 사람들에게 독점으로 물을 팔았기 때문에 큰 부자가 되었다.

직장 내에서 우리의 모습도 이와 똑같다. 똑같은 환경, 똑같은 기회가 주어져도 어떤 사람은 능력과 지혜를 발휘하여 큰 성과를 거두고 회사에 기여한다. 그러나 대부분은 자신에게 기회가 오지 않는다고 한탄하면서 남을 원망한다. 기회가 없다고 생각하기 때문에 이들은 그 어떤 성과도 거두지 못하며 따라서 회사에 기여하는 것도 없다. 바로 이러한 차이가 직급과 보수를 결정한다.

직장에서는 '노고勞苦'가 아니라 '공로功勞'로 평가받는다. 만약 열심히 일하는 것만으로 평가를 받는다면 왜 많은 사람들이 실적이 없다는 이유만으로 잘리겠는가? 또한 조기퇴직 때문에 많은 직장인들이 설자리를 잃어가고 있겠는가?

열심히 일하는 모두가 실적을 내고 회사에 공헌하는 것은 아니다. 실적으로 회사에 기여하는 것은 개인의 실력에 달려 있다. 그리고 회사는 눈에 보이는 결과를 원한다. 이것은 직장 내에서의 생존철학이다. 따라서 일을 하면서 어떻게 하면 더 효율을 높일 수 있을까, 더 좋은 방법은 무엇일까를 끊임없이 연구하고 고민하라. 실력은 시간이 흐르면 저절로 쌓이는 것이 아니라 노력을 통해서만 얻을 수 있다.

회사에 대한 높은 기여도는 당신을 어느 누구로도 대체할 수 없는 중요인물로 만든다. 그리고 사장에게는 '없어서는 안 될 필요한 인재'가 되어 원하는 직위와 연봉을 당당하게 요구할 수 있게 된다. 이것이 실력이 당신에게 보장해 주는 특권이다.

요즘 흔한 말로 '평생직장은 없다'고 한다. 그러나 엄밀히 따지면 이것은 틀린 말이다. 실력이 출중한 사람은 구조조정 명단에서 제외 대상이며 어디를 가든 환영받는다. 실력이 바로 최고의 평생직장이라 할 수 있다.

04 _ 실패 속에는 성공의 기회가 있다

고통의 아픔을 알아야 기쁨의 환희를 제대로 알 수 있듯이
우리는 수많은 실패를 거쳐야 성공하는 방법을 알게 된다.
농구의 황제 마이클 조던의 말은 성공으로 가는 길이 어떠한지를 보여주고 있다.
"나는 선수생활 동안 9000번도 넘는 불발 슛을 던졌다.
나는 거의 300여 게임에서 패배했으며 26번이나 결승골 찬스를 놓치고 말았다.
난 실패와 실패를 거듭했다. 결국 실패를 통해 성공할 수 있었다."
정말로 성공을 원한다면 절대 실패를 두려워 말라.
실패보다 더 두려워할 것은 도전하지 않는 소극적인 태도다.

직장인들에게 있어 '안정'이라는 것보다 더 매력적인 것은 없다. 꼬박꼬박 나오는 안정적인 월급, 매일매일 출근할 수 있는 안정적인 자리, 결과를 예측할 수 없는 모험적인 일이 아닌 결과가 예상되는 안정적인 일은 직장이 보장해 주는 안정된 삶이다. 이런 것들 때문에 우리는 학교를 졸업하자마자 회사라는 또 다른 울타리를 찾아 들어간다.

이렇게 안정을 추구하다 보니 많은 직장인들은 직장 내에서 감당하기 어려운 일이 생기면 어떻게 해서라도 피하려 하고 숨을 곳

을 찾는다. 일에서도 안정적인 일만을 원하므로 자신에게 익숙한 일만 찾아서 하고 문제가 생기면 책임을 피하기 위하여 상사가 해결해 주기를 원한다.

이 순간 머릿속에는 '잘못했다가는 내가 온통 뒤집어쓸지도 몰라. 그랬다가는 엄청난 손해를 볼 수도 있으니 그냥 가만히 있는 것이 최선이야'라는 생각들이 바쁘게 지나간다. 그 결과 회사를 나가는 그날까지 평범한 일만 하고, 최악의 결과는 있어도 그만 없어도 그만인 사원으로 낙인찍혀 구조조정 때 감원 대상 제1호가 된다.

시장 환경이 급격하게 변하면서 기업 간의 경쟁은 갈수록 치열해지고 있다. 기업들은 이윤을 늘리기 위해 적은 인원으로 더 많은 매출을 올리기를 원한다. 구조조정과 조기퇴직은 이제 늘 있는 기업문화가 되었다. 이에 따라 직장 내에서도 살아남기 위한 경쟁이 매우 치열하다. 눈에 보이는 결과들을 보여주지 않는 이상 자리는 언제나 불안하다. 아무리 학벌이 좋고 실력이 있어도 가지고 있는 장점을 나서서 보여주지 않는 한 회사를 만족시킬 수 없다.

배미정양은 대학 시절 알아주는 재원이었다. 어학 실력도 뛰어나 유망한 기업에 입사할 수 있었다. 입사할 때 경쟁률이 치열했지만 학벌과 실력 모두 겸비하고 있었으므로 어렵지 않게 통과하였다. 또한 신입사원 중에 유일한 홍일점이었다. 회사에서는 매주 회의를 진행하여 사원들의 아이디어를 발표하도록 했다. 회의시간마다 사원들은 앞을 다투어 자신의 의견과 아이디어를 내느라 바빴고 신입사원들은 회사에 잘 보이기 위해 더더욱 발표에 열을 올렸다. 오직 그녀만이 어떤 의견도 내놓지 않은 채 조용히 앉아 있었다. 그녀도 원래 많은 참신한 아이디어를 가지고 있었지만 자기 같은 신입사원이 너무 나서면 오히려 윗사람들 눈에 잘난 척하는 것으로 보이지 않을까 걱정도 되고 자신의 방향이 사장이 생각하는 방향과 다르면 감점요인이 될지도 모른다는 불안에 선뜻 용기가 나지 않아 아무 말도 하지 않았다. 이렇게 그녀는 회의 때마다 침묵으로 일관했다. 그러나 그녀는 자신이 사람들로부터 점점 잊혀지고 있음을 느꼈다. 태도를 바꿔보려 했지만 갑자기 적극적으로 발표하는 것이 스스로 어색하게 느껴졌고 사람들은 이미 그녀는 아이디어도 없는 무능한 사원이라고 생각했으므로 그녀의 말에 별로 귀 기울이지 않았다. 함께 입사한 남자사원들은 승진을 하기 시작했지만 그녀는 번번이 승진에서 탈락했고 언제나 우등생이었던 자신을 알아주지 않는 회사에 잘 적응할 수 없었으므로 끝내 회사를 그만두게 되었다.

직장 내에서 성공하는 사람들은 경쟁의 승리자들이다. 그들의 무기는 바로 진취성, 적극성, 창조성, 도전정신, 문제 해결 능력 등이다. 배미정양처럼 학벌과 능력이 뛰어나도 자리만 지키고 남들보다 한 발 앞서 행동하는 적극성과 도전정신이 없다면 자신이 가지고 있는 재능을 발휘할 수 없다.

실패할까라는 두려움이 먼저 앞서면 일을 할 때도 매사에 소극적으로 행동하고 안정적인 것을 찾아 현실에 안주한다. 그러나 성공은 언제나 도전과 실패라는 과정을 거치지 않고서는 얻을 수 없다.

로빈 아론은 콜롬비아 보험회사(캐나다에서 가장 큰 보험회사)의 대표이사다. 그녀가 이 회사에 처음 입사했을 때는 일개 신입사원에 불과했다. 그녀는 매우 적극적이고 진취적이어서 상사의 눈에 금방 띄게 되었다. 짧은 시간 안에 신입사원에서 중책을 맡는 자리로 올라갔다. 하루는 회사 마케팅부서의 책임자가 그녀를 찾아와 면담을 요청했다. 그는 회사가 그녀의 우수한 실적과 진취적인 정신을 높이 사 온타리오주의 보험업무를 총괄하는 일을 맡기기로 결정했다고 말했다. 이것은 그녀에게 있어 일생일대의 기회였다. 그러나 한편으로는 모험이자 도전이었으므로 걱정이 앞섰다. 한 주의 보험업무를 총괄하는 중책을 맡아본 적이 없고 회사의 사활이 달린 문제였기 때문에 이 업무는 그녀에게 엄청난 부담이었다. 만약 실패하면 불명예 퇴사를 할지도 모른다. 그녀는 이러한 이유 때문에 선뜻 받아들일 수가 없었다.

"내가 정말 이 일을 해낼 수 있을까? 만약 실패하면 어쩌지?"

이러한 걱정들이 그녀의 머릿속에 끊임없이 떠올랐다. 이때 그녀의 생각을 바꿔놓은 것은 그녀의 무용선생님의 다음과 같은 한마디였다.

"네가 정말로 이 일을 원한다면 일을 시작하기도 전에 그 어떤 것도 두려워하지 마라. 시작하지 않는 사람은 평생을 평범하게 살다 죽는 거야."

그녀는 이 말을 듣고 마음속에 있는 실패의 두려움을 접고 새로운 임무를 멋지게 해내기로 결심하였다. 그녀는 새로운 임무에 매진하였고 이 새로운 시작은 결코 헛되지 않았다.

설사 실패하는 결과를 가져온다 하더라도 시작하지 않는다면 결과도 발전도 있을 수 없다. 그래서 시작의 한 발을 내딛는 것은 무엇보다도 중요하다. 또한 많은 성공한 사람들은 수많은 실패를 통해 성공하는 방법을 배웠으며 그러한 역경을 이겨내면서 단련되고 단단해졌다. 농구의 황제 마이클 조던의 화려한 슛도 끊임없는 연습과 실패를 통해 얻은 결과라고 스스로 말한다. 성공은 피나는 노력과 수많은 좌절의 극복으로 얻는 당연한 대가일 뿐이다.

우리는 일을 하면서 수많은 문제에 부딪히고 그것을 통해 배우고 성장한다.

그러나 문제에 부딪힐 때마다 "난 이거 해결 못해, 괜히 골치만 아프겠어" 또는 "내 일도 아닌데 왜 내가 이런 것까지 신경을 써야 하지?"라고 회피해 버리면 결과는 어떨까?

스스로의 마음이야 편하겠지만 앞으로 몸이 바빠질지도 모른다. 능력을 보여줄 기회들을 놓쳐버림으로써 다른 직장을 구하기 위해 뛰어다녀야 할지도 모르기 때문이다. 이것은 스스로에게 다가오는 기회를 발로 차버리는 것과 같다. 기회는 '문제'의 모습으로 가장하고 있을 때가 많기 때문에 그것을 해결함으로써 성공의 기회를 얻을 수 있다.

직장 내에서 성공하는 직원으로서 남들보다 한 발 앞서기 위해서 남들이 해결하지 못하는 문제를 해결하는 능력을 갖고 있다면 이것이 곧 경쟁력이다.

일을 하는 중에 각종 문제에 부딪히면 피하려 하지 말고 주저하지도 말고 남에게 의존하지도 말라. 문제에 맞서 해결 방법을 찾는 과정을 발전의 기회로 삼으라. 자신이 담당하는 범위내의 일이 아니더라도 방법을 모색하고 자신이 나서서 문제를 해결해 보라. 결과적으로 남을 위한 해결이 자신의 이익이 되어 돌아온다. 당신이 문제의 해결사라는 소문이 주위에 퍼지면 문제가 일어날 때마다 다른 사람들은 당신을 찾을 것이고 당신의 주가는 계속해서 오른다. 이런 평가는 사장의 귀에도 들어가 당신이 회사에 꼭 필요한 인재라는 것을 알아보게 된다. 그럼 "나는 몸 바쳐 일하는 데 왜 이 월급 밖에 못 받아?" 이런 말도 더 이상 할 필요가 없다. 사장으로부터의 충분한 보상이 당신의 불만을 잠재우고도 남는다.

반대로 시도한 일들이 잘 풀리지 않아 슬럼프를 겪을 수도 있다. 일도 내리막이 있으면 오르막이 있게 마련이다. 쉽게 포기하고 좌절해 버리면 실패 속에 있는 성공의 기회를 볼 수 없다. 끝까지 포기하지 않고 실패 속에서 더 잘할 수 있다는 희망을 가지고 목표 지점까지 완주해야만 당신이 원하는 성공의 목표를 이룰 수 있다. 어떠한 장애와 걸림돌도 우리가 그것을 어떻게 보느냐에 따라 장애가 될 수도 있고 기회가 될 수도 있다는 것을 다음의 일화를 통해 알 수 있다.

세계의 많은 수영 애호가들은 영국해협을 건너는 것에 도전을 했다. 한 여성이 처음으로 영국해협을 횡단할 때 갑자기 나타난 짙은 안개 때문에 앞이 보이지 않자 그때부터 피로가 몰려들면서 앞으로 나아갈 기력을 잃었다. 더 이상 계속 수영을 할 용기가 나지 않았으므로 배 위에 있는 사람들에게 자신을 배 위로 꺼내달라고 신호를 보냈다. 사람들은 이제 1km 정도 밖에 남지 않았으니 힘을 내서 조금만 더 버티라고 했지만 육지는 전혀 보이지 않았으므로 그녀는 사람들이 자신이 포기하지 않도록 하기 위해 거짓말을 하는 것이라 생각했다. 그래서 그녀는 계속 자신을 배 위로 올려달라고 했다. 사람들은 어쩔 수 없이 그녀를 배 위로 끌어올렸다. 배 위로 올라와 앞을 보는 순간 그녀는 할 말을 잃었다. 멀지 않은 곳이 바로 육지가 아닌가! 다만 물 위에서 보이지 않았을 뿐 육지가 바로 앞에 있었기 때문이다. 후회해 봐야 소용이 없었다.

다음 해 그녀는 영국해협 횡단에 다시 도전했다. 또다시 짙은 안개가 앞을 가려 한 치 앞도 볼 수 없었지만 그녀는 상관하지 않았다. 오히려 바로 앞이 해안이라는 믿음을 가지고 계속해서 수영을 했다. 결국 그녀는 횡단에 성공했다.

모든 장애와 방해물은 우리 마음속에서부터 생긴다. 설사 어떤 장애로 인해 일이 잘 풀리지 않는다 해도 잘 될 것이라는 믿음과 확신만 갖고 있다면 장애는 더 이상 우리에게 걸림돌이 되지 않는다.

오프라 윈프리는 이런 말을 했다.

"나는 실패를 믿지 않는다. 그 과정을 즐겼다면 실패가 아니다."

이러한 마음의 자세가 바로 성공하는 사람들의 비결이다.

실패와 슬럼프는 결코 두려워할 대상이 아니다. 다만 두려워해야 할 것은 실패와 슬럼프를 걱정하여 도전하지 않는 소극적인 자세와 희망과 열정이 없는 자신의 모습이다. 이런 사람에게는 성공 또한 없기 때문이다.

05_ 적당한 휴식은 일을 위한 활력소

우리는 꿈을 이루고 좀더 나은 생활을 위해 일을 한다.
교육학자 윌리엄 베넷은 '일은 우리가 생명을 걸고 해야 하는 것'이라 말했다.
그만큼 일은 우리에게 소중하다. 그러나 어떤 사람들은 정말 일에 생명을 바친다.
휴식 없이 일에 집중하다 건강을 잃고 심지어는 목숨을 바친다.
이런 사람들은 일을 즐길 수 없을 뿐 아니라 일의 노예가 된다.
일은 누구를 위해 하는 것인가? 바로 자신을 위해 하는 것이다.
생활과 일, 그리고 휴식이 적절하게 조화되어야만
일이 우리에게 주는 삶의 가치를 누릴 수 있다.

최고의 '안정된 직장'으로 불리는 공무원도 이제는 더 이상 철밥통이 아니다. 〈헤럴드경제〉기사에 따르면 오세훈 서울시장이 무능력 공무원 퇴출에 이어 이번에 '철밥통' 공무원 사회의 구조조정이라는 개혁의 신호탄을 쏘아올렸다. 오는 2010년까지 서울시 공무원 정원의 13%인 1300명을 줄이고, 부서 통·폐합을 통해 업무가 중복되고 효율성이 떨어지는 7개 기구를 감축하겠다는 게 요지이다.

기업의 구조조정은 이미 오래 전부터 시작된 것이므로 놀라운 일이 아니지만 최고의 안정된 직장으로서 직업선호도 1위인 공무원의 구조조정은 뉴스거리가 될 만하다. 또한 이제 일의 모든 영역에

part 1.
당신은 누구를 위해 일하십니까?

서 자신의 능력을 제외하고는 어떠한 철밥통도 없다는 신호탄이기도 하다. 이렇게 각 영역에서 능력과 효율성이 그 어느 때보다 중시되므로 직장인들은 경쟁에서 밀리지 않기 위해 최선을 다해 고군분투하고 있다. 아마 살아남기 위한 경쟁은 앞으로 더욱 치열해질 것이라 생각된다.

우리는 이렇게 치열한 경쟁 속에서 열심히 일에 매진하다 보면 무엇 때문에 일하고 있는지 목적을 잊어버리곤 한다. 다만 남들에게 뒤지지 않기 위해 또 더 많은 월급을 받기 위해 아침 일찍 출근해서 남보다 더 많이 일하려고 밤늦게 퇴근하는 일을 반복하며 몸과 마음이 지쳐 간다. 일요일에는 쌓인 피로를 푸느라 하루종일 집에서 잠만 잔다. 일주일 내내 직장을 왔다 갔다 하며 일에 치여 사느라 취미생활도 없고 개인사가 끼어들 틈도 없다. 이렇게 반복적인 생활로 세월이 흘러가다 어느 날 문득 고개를 들면 열심히 달려오기는 한 것 같은데 남는 것이 아무것도 없는 것처럼 느껴지기도 하고 왠지 쓸쓸하고 허무하다는 생각도 든다.

김영호는 컨텐츠 기획자로 대형 인터넷 기업에 취직했다. 취직과 함께 결혼도 했다. IT업계의 일이 변화가 빠르고 야근이 많아 취직 이후에는 개인 생활이 거의 없었다. 집에 있어도 새로운 정보들을 찾기 위해 대부분 컴퓨터를 보며 시간을 보냈다. 그래서 맞벌이를 하고 있던 아내와 얘기할 시간도 점점 줄어들고 결국에는 둘 사이에 대화가 없어졌다. 대화가 없어지자 관계도 서먹서먹하게 변해

갔다. 물론 회사에서도 하루종일 모니터 앞에 앉아 휴식도 없이 일했다. 입사 때부터 빨리 팀장이 되리라 결심했던 김영호는 3년 동안 휴가도 반납하고 일에 매달렸다. 점점 실적이 쌓이면서 상사는 그를 좋아했지만 동료들에게는 전혀 인기가 없었다. 별로 동료들과 어울리지도 않았고 일만 하는 그의 성격도 점점 변했기 때문이다. 작은 일에도 화를 잘 내고 상대가 늦게 자료를 줘서 자신의 일이 조금이라도 지체되면 심하게 모욕을 주곤 했다. 또한 일이 일을 부른다는 말이 있듯이 혼자서 일을 많이 하다 보니 동료가 해야 할 일이 그에게 주어지곤 했다. 이렇게 일한 결과 입사한 지 3년 만에 팀장의 자리에 올랐다. 그러나 3년 동안 휴식도 없이 일하면서 피로와 스트레스가 누적되어 건강이 악화되었다. 결국 얼마 전 병원에 입원하라는 검진결과와 함께 아내로부터 이혼서류를 받았다. 장인의 칠순잔치에 빠졌다는 게 표면적인 이유였다.

일은 우리가 재능을 펼칠 수 있는 무대를 마련해 준다. 그래서 많은 사람들이 성공을 위해, 자신의 재능을 발전시키기 위해, 더욱 완벽하고 아름다운 사람이 되기 위해 전력투구하며 일생 동안 열심히 일한다.

그러나 일하는 과정에서 일하는 목적을 잊은 채 생활을 팽개치고 오직 일에만 매달리면 즐거움보다는 스트레스와 피로만 쌓여간다. 일의 목적이 단순히 돈, 권력, 명예라면 우리는 일을 하면서 즐겁다기보다 조바심과 상실감에 시달리게 된다. 이렇게 자신을 쥐어

짜다 보면 고혈압, 위장병, 근육통 등 각종 현대병에 시달리고 정신도 피폐해진다. 이런 삶은 일의 노예가 되기 십상이다.

한 철학자는 다음과 같은 말을 남겼다.

"일에서 즐거움을 찾는 사람은 복이 있는 사람이다. 다른 행복을 찾아 나설 필요가 없기 때문이다."

우리는 일을 하면서 즐거움을 발견하고 일이 우리에게 주는 삶의 가치를 누려야 한다. 그것은 일 자체를 즐기고 그 속에서 존재감을 느끼며 가족, 친구, 동료와의 유대감을 소중하게 생각하고 생활과 일의 균형감을 유지할 때 가능하다. 일에 있어 성실한 태도로 최선을 다하는 자세도 중요하지만 지치지 않고 활기차게 일하기 위해서는 적당한 휴식을 취함으로써 효율을 높이는 것도 중요하다.

현대 기업에서 가장 쓸모없는 사원이 부지런하면서 무능한 사람이라고 한다. 빠른 시장의 변화 속에서 기업들은 창조력이 높고 효율적으로 일하는 유능한 인재를 원한다.

공부는 고독한 자기와의 싸움이지만 일은 나누어서 할 때 더욱 효율적이다. 자신이 잘하는 것과 동료가 잘하는 것을 효율적으로 나누어 처리하면 시간을 절약하면서도 결과는 몇 배가 된다. 그럼 더 많은 일들을 처리할 수 있고 일을 하다 지칠 때 동료의 도움으로 더 재미있게 일을 할 수 있다.

스트레스가 쌓일 때 풀지 않고 계속 쌓으면 병이 되기 쉽다. 정서적으로도 우울하고 쉽게 지친다. 이때 동료나 가족이 옆에 있으면 대화 상대도 되고 함께 여가를 즐기며 휴식의 시간을 가질 수 있다. 시간관리와 업무관리 또한 일의 효율성을 위해 중요하다.

경제학에서 효율성을 말하는 유명한 이론이 있다. 8 : 2의 법칙이다. 모든 조직에서 가장 핵심은 항상 20%에 불과하다. 80%의 부는 상위 20%에 집중된다. 80%의 이윤은 20%의 히트상품 또는 상위 20%의 VIP고객에게서 나온다. 이 20%가 핵심 경쟁력이다.

열심히 일하는 모두가 성공하는 것은 아니다. 그 중에서 효율적으로 일하는 20%가 성공하게 된다.

책상에 하루종일 앉아 있는 것보다는 일을 할 때 효율적이면서 집중적으로 하는 것이 중요하다. 오랫동안 소득 없이 앉아 있기보다는 근무 시간에 집중적으로 일하고 일이 끝나면 내일의 충전을 위한 휴식의 시간을 가지는 것이 더 중요하다. 운동도 좋고 취미생활도 좋고 긴장된 시간에서 벗어나 여유를 가질 수 있는 활동이 필요하다. 이러한 여유가 오히려 일에서 성과를 높일 수 있는 활기를 불어 넣어준다.

업무에 있어서도 계획을 세우고 중요한 일부터 완성해 나간다면 야근으로 건강을 해치는 일은 막을 수 있다. 기업은 무능하기 때문에 부지런한 사원보다는 유능하기 때문에 제 시간에 많은 일을 할 수 있는 사원들을 원한다.

창조성 역시 현대 직장인들이 갖추어야 할 경쟁력이다. 우리가 어떤 아이디어를 떠올릴 때 생각에 너무 집착하면 오히려 생각이

 part 1. 당신은 누구를 위해 일하십니까?

잘 떠오르지 않는다. 그러나 마음을 비우고 딴 일을 하다가 갑자기 퍼뜩 떠오르기도 하고 길을 가다 우연히 무엇을 보았는데 순간적으로 떠오르기도 한다.

우리가 쳇바퀴 돌듯이 오전에 출근해서 해도 보지 못한 채 하루 종일 사무실에 앉아 있다가 캄캄해지면 집으로 돌아가는 생활을 반복하다 보면 솔직히 아무 생각도 나지 않는다. 아이디어가 풍부해지기 위해서는 많이 보고, 많이 듣고, 많이 느껴야 한다. 그리고 때로는 남들과 반대로 생각해 보고, 궤도에서 벗어나는 생각을 해 보는 것도 아이디어의 발상에 많은 도움이 된다.

일본 도시바東芝전기가 1950년대에 대량으로 생산한 선풍기를 팔지 못해 전전긍긍하고 있었다. 회사의 7만명의 직원들은 판로를 찾기 위해 온갖 방법과 아이디어를 동원했지만 한동안 별 소득이 없었다. 하루는 말단 직원이 사장에게 선풍기 색상을 바꿔보면 어떻겠냐는 의견을 내놓았다.

당시 전세계 선풍기의 색상은 일률적으로 검정색이었고 도시바전기의 선풍기도 예외가 아니었다.

사장은 이 의견을 받아들여 회사에서 연구를 시작했다.

다음 해 여름, 도시바전기는 옅은 파란색의 선풍기를 출시하였다. 이 선풍기는 출시하자마자 고객들이 앞다투어 살 만큼 대히트였다. 몇 개월 만에 몇십만 대를 팔 수 있었다.

단지 색상 하나를 바꾸는 작은 아이디어였지만 이것으로 거둔 경제적 효과는 엄청났다.

사실 색상을 바꾸는 것은 전문적인 지식을 요하는 것이 아니었으므로 누구나 생각할 수 있다. 그러나 회사의 어느 누구도, 심지어 전세계의 선풍기 관련 일을 하는 어떤 사원도 이 생각을 하지 못했다. 이유는 선풍기는 당연히 검정색이라고 생각했기 때문에 다른 생각을 할 수 없었다.

우리가 매일매일 일에 묻혀 살고 자신의 주위에 있는 것들을 세심하게 관찰할 수 있는 마음의 여유를 가지지 않는다면 시야는 매우 좁아지게 된다. 일에서 창조적인 아이디어를 갖기 위해서는 일 이외의 다양한 경험도 필요하다.

일을 일로만 바라보게 되면 쉽게 지치고 책임감으로 어깨가 무거워진다. 그러나 일에서 즐거움을 찾으려 노력하면 우리의 생각은 긍정적으로 바뀌고 이러한 낙관적인 태도가 주위 사람들에게 영향을 미친다.

요즘 기아의 TV 광고 헤드카피는 '3만3천명 모두가 디자이너다'이다. '연구도 디자인이다, 영업도 디자인이다, 생산도 디자인이다'라고 말한다. 엄밀히 말하면 연구, 영업, 생산은 디자인이 아니다. 그러나 디자인이라고 말함으로써 일에서 또 다른 즐거움과 의미를 찾아낼 수 있다.

이러한 작은 노력들이 더 신나게 일할 수 있는 동기를 부여하고 지치지 않고 나아갈 수 있는 활력을 제공한다. 우리는 끊임없이 스스로에게 일하는 목적을 묻고 적당한 휴식으로 재충전의 시간을 가짐으로써 즐겁게 하루하루를 일과 함께 보낼 수가 있다.

part 02

지금 하고 있는 일을 소중히 여기십니까?

01_ 일에는 귀천이 없고 일을 대하는 마음에 귀천이 있을 뿐이다

그리스 시인인 헤시오도스는 일을 존귀하고 숭고한 행위로 찬양했다.
그리고 이런 말을 남겼다.
"미천한 일이 그 사람의 지위를 훼손시키는 것이 아니라 나태가 그렇다."
우리는 천차만별의 일을 하며 살고 있다.
그 중에는 화려하고 남들이 부러워하는 일도 있지만 하찮고 궂은 일들도 있다.
하찮은 일이라도 최선을 다하는 사람의 모습은 아름답고 존경받을 만하다.
이러한 태도는 일을 소중히 여기는 마음가짐에서 나오며
일을 대하는 태도가 그 사람의 존엄성을 결정한다.

멕시코 올림픽 때의 이야기다. 밤은 이미 깊어 피부에 와 닿는 공기가 싸늘했다. 이때 탄자니아 마라톤 선수 와쿠와리는 마지막 주자로서 있는 힘을 다해 메인스타디움으로 들어왔다. 시상식은 이미 예전에 치러졌고 축하 세레모니도 일찌감치 끝나 메달을 받은 선수들과 관계자들은 모두 돌아간 상태였다. 와쿠와리가 홀로 스타디움으로 들어섰을 때 운동장에는 개미 한 마리 보이지 않고 적막만이 감돌고 있었다. 와쿠와리의 두 다리를 감싼 붕대는 피로 흥건히 물들어 있었다. 출발할 때 옆 선수와 부딪혀 부상을 입어 의사는 달

part 2.
지금 하고 있는 일을 소중히 여기십니까?

릴 수 없다고 했지만 기어코 붕대를 감고 코스를 완주했다. 그는 끝끝내 운동장 한 바퀴를 돌고 결승점에 도착했다. 그때 공교롭게 다큐멘터리 제작자 그린스펀이 운동장에 남아 있다가 이 모습을 보게 되었다. 그는 놀라서 와쿠와리에게 다가가 "몸이 그 지경인데 왜 이렇게 죽을힘을 다해 결승점까지 뛰는 겁니까?"라고 물었다.

탄자니아에서 온 젊은 청년은 기진맥진한 상태로 힘없이 대답했다.

"여기서 2만 킬로미터도 더 떨어진 우리나라에서 저를 이리로 보내주었습니다. 단지 뛰라고 보낸 것이 아니라 이 경기를 완주하라고 저를 파견한 것입니다."

비록 와쿠와리는 이 경기에서 금메달이 아니라 꼴찌의 성적을 거두었지만 어느 누구도 이 선수의 성적을 비웃지 않는다. 오히려 사람들은 책임을 다하는 그의 태도에 마음으로 금메달을 수여했다. 우리는 멕시코 올림픽 마라톤 대회의 금메달리스트를 기억하지 못한다. 그러나 와쿠와리 이야기는 전세계로 퍼져나갔고 그는 꼴찌였음에도 불구하고 사람들의 마음속에 오랫동안 기억되고 있다.

와쿠와리가 부상이라는 큰 역경에도 불구하고 끝까지 완주할 수 있었던 이유는 물론 애국심도 있었겠지만 자신의 일을 소중하게 생각하는 마음 때문에 가능했다.

어떤 사람들은 '중요한 일은 존중하는 마음을 끌어내기 쉽지만 평범한 일은 존중하는 마음을 갖기 어렵다'고 말한다. 그러나 회사의 입장에서 보면 중요하지 않은 일은 없다. 직원들 각자의 일은 회사 전체를 위해 각각 중요한 의미를 가지고 있다. 어느 누구도 맡은 일을 소홀히 하면 문제가 생기고 회사의 발전에 지장을 준다. 따라서 각자의 역할을 충실히 해야만 회사 전체가 원활하게 잘 돌아갈 수 있고 발전할 수 있다.

직원의 입장에서는 회사가 이윤을 내고 발전하면 그 결과는 결과적으로 자신에게 돌아온다. 따라서 작은 일이라도 자신의 일을 존중하는 마음을 가지고 최선을 다한다면 자신과 회사에 큰 이익이 된다. 일을 존중하는 마음은 잠재능력을 발휘하도록 하며 이로 인해 두각을 나타낼 수 있고 더 많은 성장의 기회를 얻도록 한다. 평범하고 작은 일로 시작했더라도 작은 일에서부터 최선을 다하면 시간이 흐르면서 경험이 쌓이고 점점 발전하여 중요한 일을 맡고 있는 자신의 모습을 발견할 수 있다.

직원이 8명밖에 안 되는 작은 무역회사에 두 명의 사원이 입사했다. 한 명은 일류대 법대를 졸업하고 3번 사법고시를 쳤지만 매번 떨어져서 어쩔 수 없이 이 회사에 취직하게 된 이명철이다. 한 명은 지방대를 졸업하고 서울로 상경해 취업대란을 뚫고 취직한 것만으로도 감사하는 김철수다.

사장은 이명철이 영어를 잘하므로 이 회사의 거래처 중에서 중요한 거래처만 골라 일을 맡겼다. 그러나 이명철은 자신과 같은 고급인력이 이 회사와 어울리지 않는다고 생각했으므로 일에 별로 흥미가 없었다. 그래서 사장이 있을 때는 일하는 척하다가 외출하면 업무를 대충 처리해 놓고 커피를 마시며 신문을 뒤적이거나 웹서핑을 하며 다른 일거리를 찾느라 바빴다. 반면 김철수는 별로 중요하지 않은 거래처만 맡았음에도 자신의 일이 매우 소중하다고 생각했으므로 최선을 다해 열심히 일했다. 업무가 끝나면 어학실력을 보충하기 위해 학원도 다녔다. 열심히 일을 하다 보니 업무에 관련된 실무능력도 빠르게 발전했고 개인적으로 노력했기 때문에 어학 실력도 훨씬 좋아졌다. 외국 바이어들이 한국에 오면 열심히 이곳저곳을 구경시키고 호텔에 바래다준 후에 퇴근하는 등 자신의 사업처럼 일했다. 바이어들은 한국에서 받은 대접이 매우 훌륭했으므로 돌아가면 더 많은 상품을 주문했다. 김철수는 자신이 맡은 거래처 이외에 다른 거래처를 개척하기 위해 외국회사 리스트를 입수해 자신의 회사 소개와 함께 상품들을 외국 업체들에 꾸준히 소개했다. 이런 노력들이 모여 거래처가 빠르게 늘어나기 시작했다. 결과가 눈에 보이자 김철수에게는 일하는 것이 큰 기쁨이자 재미였다.

 3년의 세월이 흘렀을 때 이명철과 김철수의 성과는 하늘과 땅 차이였다. 이명철은 여전히 들어올 때 하던 일에서 발전한 것이 아무것도 없었다. 팩스를 보내고 전화를 하는 정도의 평범한 일이었다. 열심히 일하지 않았기 때문에 실무를 제대로 익히지 않았으므로 다른 회사로 옮길 기회도 주어지지 않았다. 오히려 가장 큰 거래처는 이제 김철수 담당이 되었다. 김철수가 새로 개척한 거래처들이 늘어나면서 회사 매출이 몇 배는 올랐고 회사 규모도 많이 커졌다. 사장은 김철수의 능력을 인정하여 시장개척팀을 새로 조직해 그에게 팀장자리를 맡겼다.

자신의 일을 소중히 생각하는 사람과 그렇지 못한 사람의 차이는 일을 대하는 태도로 나타난다. 일을 소중하게 생각하는 사람은 적극적이며, 근면하고, 조금도 빈틈이 없다. 그렇지 못한 사람은 시키는 일만 처리하거나 현재 하는 일에 불평불만만 늘어놓는다.

한 인력관리 전문가가 사원들이 자신의 일을 존중하는지 아닌지 알아보는 기준을 다음과 같이 정리했다.

10점 뛰어난 창조력을 갖춘 사람 또는 맡은 일 이외의 일을 찾아서 하는 사람

5점 자신이 맡은 일만 열심히 하는 사람

1점 자신이 책임져야 할 일보다 더 많이 맡았다고 생각하는 사람

일에서 더 좋은 결과를 내기 위해 맡은 일 이외의 일을 찾아서 하고 그 결과로 기회를 발견하는 것은 일을 존중하는 사람에게서 찾을 수 있는 모습이며 성공하는 사람들의 공통된 모습이기도 하다.

1997년 포드는 잡지에 광고를 낼 때 60%의 남성과 10%의 여성을 타깃으로 했다. 포드사 홍보기획팀 차장 루스 로버트는 시장상황을 면밀히 검토해본 결과 자동차 시장에서 여성 구매자가 65%를 차지하고 있다는 사실을 발견했다. 그래서 1997년 중반기 이후의

광고는 60%의 여성을 타깃으로 하는 광고 컨셉으로 방향을 과감하게 바꿨다. 이사회에서 여성시장이 크다는 것을 알았을 때 로버트는 이미 행동에 착수하여 이 문제를 해결했다. 그는 남들이 하기 전에 스스로 이 일을 했고 포드 자동차는 여성시장에서 큰 성공을 거두었으며 이사회에서는 그를 부서장으로 승진시켰다.

남들이 하기 전에 기회를 포착하고 행동으로 옮기면 이처럼 더 높은 직위와 보수가 언제나 우리를 기다리고 있다. 이런 기회는 우리가 일에 애착을 가지고 열정을 쏟을 때 다가온다.

또한 작은 일에 성실한 사람이 큰 일에서도 성공하는 것을 우리는 흔히 볼 수 있다.

미국 보스톤에 빌 그레이라는 재계의 거두가 있었다. 그가 공장을 운영하던 시절, 기계를 담당하는 기술자가 열심히 일하지 않고 시간만 나면 담배를 피우기 위해 자리를 비우거나 동료들과 잡담을 했다. 보다 못한 빌 그레이는 왜 열심히 일은 안 하고 빈둥대냐고 몇 마디 잔소리를 했다. 그러자 기술자가 오히려 대들며 다른 직원들도 모두 들으라는 듯이 큰소리로 말했다. "이봐요, 빌 그레이씨. 나는 당신의 과거를 똑똑히 알고 있기 때문에 당신의 잔소리를 못 참겠소! 옛날에 악단에서 북을 쳤었죠?"라고 말했다.

그레이가 대답했다.

"맞습니다. 나는 당시 북을 치는 사람이었어요. 그러나 당신처럼 빈둥대지 않고 내 일을 열심히 했기 때문에 내 북솜씨가 소문이

나서 이웃 악단으로부터 스카웃 제의까지 받았소. 그리고 내가 그 악단에 있을 때 우리 악단의 연주를 듣기 위해 손님이 두 배는 늘었었죠."

모든 일은 가치가 있으며 그 가치는 우리가 발견하느냐 아니냐에 따라 보석이 되기도 하고 길거리에서 흔히 보는 돌로 남아 있기도 한다. 따라서 우리가 일을 어떻게 대하느냐가 그 일의 가치를 결정하고 결과적으로 우리의 위치를 결정한다.

당신이 현재 어떤 일을 하든 자신의 일을 소중하게 여기고 최선을 다하고 있다면 곧 그 가치는 반짝반짝 빛나게 된다.

02 _ 일에 대한 감사의 마음은 행운을 부른다

세계적인 물리학자 스티븐 호킹에게 한 기자가 물었다.
"어떤 원동력이 30년 동안 휠체어에서도 연구를 계속할 수 있도록 한 것입니까?"
호킹이 진지하게 대답했다.
"바로 은혜에 감사하는 마음이죠."
감사에는 놀라운 법칙이 존재한다.
작은 감사에도 큰 행복이 찾아오고 감사하면 또 다른 감사할 일들이 생겨난다.
일에서도 마찬가지다. 작은 기회에 감사하면 더 큰 기회가 주어지고
자신에게 주어진 일에 감사하면 그 끝에는 성공이 기다린다.

UN은 2006년 세계 실업률이 지난 10년간 최고 수준인 6.3%로 올랐고 세계 경제의 성장 속도가 떨어지고 있다고 밝혔다. 경제 침체는 세계적인 추세이므로 우리나라도 예외가 아니다. 따라서 청년 실업률도 갈수록 심각해지고 있으며 취업대란은 여전히 계속되고 있다. 현재 일을 하고 있는 사람들 중에도 예전에 수십 통의 이력서를 보내고 수십 번의 면접을 본 경험을 갖고 있으리라 생각한다.

대학을 졸업하고 이 회사 저 회사를 뛰어다니며 사람들은 마음속으로 이렇게 기도한다.

'제발 합격하도록 해주세요. 만약 합격하면 감사하는 마음으로 어떤 일이 주어져도 몸이 부서져라 열심히 일하겠습니다.'

그리고 면접관 앞에서 끝에 이런 말을 남긴다.

"제 소개를 끝까지 들어주셔서 감사합니다. 저에게 기회를 주시면 회사를 위해서 최선을 다해 열심히 일하겠습니다. 감사합니다."

막상 합격해서 일을 얻고 1년 내지 그 이상의 세월이 흐르면 우리의 감사했던 마음은 눈 녹듯이 사라지고 불만과 피해의식이 그 자리를 대신한다.

"나보다 공부도 못했던 대식이는 차도 사고 월급도 많이 받던데 내 신세는 왜 이런 거야. 비싼 등록금 내고 죽어라 공부해서 이런 일이나 매일 하고 있으니……."

영국의 작가 새크레이는 "삶은 거울과도 같다. 당신이 웃으면 따라 웃고 당신이 울면 따라 운다"라고 말했다. 일에서도 마찬가지다. 당신이 감사하는 마음을 가지면 감사할 만한 많은 결과를 얻을 수 있다. 회사가 당신에게 재능을 펼칠 무대를 제공함을 감사하고, 상사가 당신의 충성심을 길러주는 것을 감사하며, 당신의 일이 당신의 능력을 기르고 다양한 경험을 쌓을 수 있도록 해주는 것을 감사하면 더 많은 감사할 일들이 생겨난다.

감사하는 마음이 없으면 작은 일에도 불만으로 가득 차게 된다. 미국 잡지 〈워크포스〉 연구발표에 따르면 직원들은 항상 일에서 발생하는 사소한 문제로 불만이 생기고 이런 정서가 출근에도 영향을 미친다고 한다. 불평불만하는 시간에 기회를 얻은 것에 감사하고 은혜에 보답하는 자세로 일을 하면 일은 더욱 즐겁게 느껴지고 성과는 배로 올라간다.

집이 가난한 한 청년이 록펠러 석유회사의 말단 직원으로 취직했다. 그는 일할 수 있는 기회를 얻은 것에 매우 감사했고 따라서 회사를 자랑스러워했다. 그는 별명이 있었는데 '1갤런에 4달러'였다. 회사 상품을 홍보할 목적으로 자신의 이름 밑에는 항상 '1갤런에 4달러인 스탠더드 석유'라고 적어 놓았다. 출장을 가면 호텔에 사인을 할 때 항상 자신의 이름 밑에 이 글자를 써 넣었고 편지와 영수증에도 예외가 없었다. 시간이 지날수록 사람들은 그를 "1갤런에 4달러"라 불렀고 그의 본명은 점점 사람들에게서 잊혀졌다. 이 사실을 이 회사의 사장인 록펠러가 알게 되었다. 사장은 회사를 자랑스러워하는 그의 행동에 크게 감명을 받아 그를 불러 이야기를 나누었다.

"자네 같은 사원은 처음 봤어. 마치 우리 회사의 걸어다니는 홍보판과도 같다고 들었네. 왜 회사에 대한 애정이 그렇게 각별한가?"

그가 말했다.

"회사가 저에게 일할 수 있는 기회를 준 것에 감사하니까요. 회사가 잘 되어야 우리 직원들도 행복할 수 있다고 생각합니다."

그의 이름은 아치볼드로 후에 록펠러가 물러날 때 이 회사의 제2대 사장이 되었다.

그의 감사하는 마음은 어떻게 하면 회사에 도움이 될까라는 긍정적인 생각으로 이어졌고 그가 성공하는데 밑거름이 되었다.

우리가 하는 모든 일과 작업환경이 훌륭할 수는 없다. 그러나 어떤 일을 하든 실패의 교훈과 성장의 기쁨, 든든한 동료, 일에서 얻는 전문지식, 고마운 고객 등과 같은 귀중한 경험들과 지식을 얻게 된다. 이것은 일에서 성공하는 사람들이 반드시 겪는 귀중한 체험이자 평생 동안 갖고 가는 큰 자산이다. 우리가 매일 감사하는 마음을 갖고 일을 하면서 '일이 있어 정말 감사합니다' '새로운 경험을 할 수 있어 정말 감사합니다'라고 속으로 말하면 생각은 긍정적으로 바뀌고 주위에 대하여 점점 배려의 마음이 생기며 어떤 작은 기회에도 강한 감사의 마음이 생겨남을 느끼게 된다. 결과적으로 우리의 기분은 더욱 유쾌해지며 성취와 도움의 손길은 갈수록 많아지고 일은 발전하게 된다.

일을 하다 지치고 힘들 때, 따분하고 지루하다고 느껴질 때, 우리가 처음 일을 얻었을 때 느꼈던 감사하는 마음을 기억하며 하고 있는 모든 일을 새로운 일, 새로운 경험으로 생각하고 초심을 잃지 않으면 성공으로 가는 기회의 문으로 한 발짝 다가서게 된다.

민혜영은 대학 졸업 후 취업대란을 어렵게 뚫고 중견기업에 입사했다. 대졸자들의 취업이 워낙 어려웠기 때문에 민혜영은 취업이 된 것만으로도 기쁘고 감사했다. 들어갔을 때 그녀의 일은 문서 정리였다. 상사들이 보고서를 만들 때 필요한 자료를 찾아주거나 외국에서 오는 편지나 팩스를 번역하는 일이었다. 상사들은 복사하는 일까지도 민혜영에게 시켰으므로 출근하면 하루종일 쉴 틈도 없이 바빴고 여기저기서 맡기는 번역일은 항상 시간을 다투는 급한 일이었으므로 조금 늦게 가져가면 혼나기가 일쑤였다. 그러나 그녀는 취업대란의 현실에서 자신이 얻은 작은 일에 감사했고 아직은 경험이 보잘것없으므로 경력을 쌓아 좋은 일을 맡겠다는 일념으로 자신이 맡은 일을 완벽하게 해내기 위해 이를 악물고 최선을 다했다. 이렇게 2년의 세월이 정신없이 흘러갔다. 평소 민혜영을 눈여겨보던 인사부 부장은 민혜영을 인사부의 과장으로 전격 승진시켜 데리고 갔다. 부장이 사장에게 올린 인사고과에는 이렇게 씌여 있었다.

'민혜영은 석사학위까지 취득한 엘리트지만 매일 복사와 문서정리와 같은 단순한 일도 최선을 다하는 양호한 태도를 가지고 있습니다. 문서 중에서 중요한 문서는 따로 정리를 해서 상사에게 보고하는 등 용의주도하면서도 꼼꼼한 일처리 능력을 갖고 있습니다. 태도와 실력을 겸비한 인재로서 발전 가능성이 크다고 인정됩니다.'

S기업의 부사장은 회사가 선호하는 인재상을 다음과 같이 말한다.

"사실 기업에서 직원을 채용할 때 학력보다 더 중요한 것은 그가 발휘할 수 있는 능력과 태도입니다. 많은 직원들이 직장에서 발전이 느린 것은 능력이 없어서가 아니라 태도가 불량하기 때문입니다. 직장에서 가장 바람직한 태도는 첫째가 자신이 맡은 일을 최선을 다해서 완벽하게 해 내는 것입니다. 두 번째가 소속감을 가지고 회사의 일원으로 책임을 다 하는 것입니다. 세 번째는 지적을 겸허하게 받아들이는 자세입니다. 일을 하다 보면 질책이나 비판을 받는 일은 흔합니다. 그때 자신의 문제점이 무엇인지 돌아보고 원인을 분석하는 자세가 중요합니다. 이런 태도를 가진 직원들이 모여 있을 때 회사는 빠르게 발전할 수 있습니다."

이와 같이 직장 내에서 가장 중요한 것은 사원들의 태도이며 사원들의 태도는 그 회사의 경쟁력을 결정한다. 긍정적인 태도는 긍정적인 생각에서 나오며 감사하는 마음 또한 긍정적인 태도이자 일종의 습관이다.

감사하는 마음을 가진 사람은 생활에서도 언제나 즐거움에 가득 차 있다. 하늘이 이들에게만 즐거움을 선사한 것이 아니라 그들 스스로 만들어 낸 것이다. 컵에 물이 반 정도 남은 같은 상황에서도 감사하는 마음을 가진 사람은 "고맙게도 물이 반이나 남았네!"라고 말하지만 평소 불만으로 가득 찬 사람은 "에이, 반밖에 안 남았잖아! 언제 이렇게 다 마셨어"라는 다른 반응을 보인다. 같은 상황에서도 서로 다른 것은 상황을 대하는 우리의 태도이며 태도에 따라 결과는 확연하게 달라진다.

이처럼 설령 우리의 일이 만족스럽지 않더라도 우리를 단련시키는 선물이라고 생각하고 감사하는 마음을 가진다면 모든 것이 긍정적으로 보이게 된다.

우리는 관심을 남에게서 자신이 지금 하고 있는 일로 돌려 일에 대하여 감사하는 마음을 가지고 자신이 어느 방면으로 발전할 수 있고 어떤 점을 개발할 수 있는지, 자신이 얼마나 일을 완벽하게 하고 있는지를 생각하는 것이 더 발전적인 결과를 가져올 수 있다. 만약 당신이 매일 감사의 마음으로 충만해지려 노력하면 일할 때의 마음은 자신도 모르게 즐거워지고 태도는 적극적으로 변하며 일의 결과 역시 달라질 수밖에 없다.

이렇게 경쟁력 있는 태도를 갖추게 되면 당신은 바로 기업이 원하는 가장 우수한 사원이다.

03_ 부의 기회는
당신이 하는 일 속에 있다

> 유명한 경영학자 올센 마든은 젊은이들에게 이렇게 충고했다.
> "젊은 시절 자신의 일과 생활에서 기회를 찾지 못한 채
> 자신이 다른 방면에서 더욱 잘할 거라 생각한다면 크게 잘못된 생각이다."
> 기회는 언제나 우리 주위에 머물고 있지만
> 그것을 볼 수 있는 안목을 가진 사람에게만 보이는 마술을 부린다.
> 성공하는 사람이 적은 것도 바로 이런 이유다.

부자가 되는 비결 중의 하나는 이미 부자가 된 사람들의 행동을 면밀히 분석하여 그대로 따라하는 것이라고 한다. 세계에서 가장 돈을 많이 버는 사람 중의 하나인 샘 월튼에게서도 남다른 점을 발견할 수 있다.

하루는 〈포춘〉지 기자가 샘 월튼을 취재하기 위해 전화를 걸어 "제가 내일 사무실로 찾아뵙고 성공 비결에 대한 취재를 해도 되겠습니까?"라고 물었다.

샘 월튼은 흔쾌히 승낙했다.

다음 날 기자는 사무실로 일찌감치 찾아갔다. 30분을 기다렸지만 샘 월튼을 만날 수 없었다. 비서가 지나가다 기자가 기다리고 있는 것을 보고 그에게 "제가 회장님을 찾아보겠습니다. 죄송하지만 잠시만 기다려주세요"라고 말했다. 얼마 지나지 않아 비서가 돌아와 말했다.

"찾았습니다. 회장님은 여기서 20미터 떨어진 매장 앞에 계세요."

기자가 샘 월튼을 찾았을 때 그는 고객을 도와 카트에서 물건을 꺼내 차에 싣느라고 바빴다. 기자는 세계에서 돈을 가장 잘 버는 사람이 이런 곳에서 이런 일을 하고 있다는 것에 감동을 받았다. 기자가 그에게 말했다.

"사무실에 계실 줄 알았습니다."

샘 월튼은 "나는 여기서 당신을 기다렸죠"라고 말했다. 기자가 왜 여기서 자기를 기다리느냐고 물었다.

샘 월튼의 대답은 이러했다.

"이곳이 내 사무실입니다. 이곳은 고객들이 내가 있기를 바라는 곳이예요. 왜 썰렁한 사무실에 앉아 있겠습니까?"

결국 이곳에서 취재가 이루어졌다. 그는 자신이 신봉하는 말이 있다고 했다.

"사람들이 얻을 수 있는 부의 기회는 주위 25미터 내에 있다고 합니다. 그렇지만 대부분의 사람들이 자신의 바로 옆에 있는 기회는 보지 못하고 멀리 가서만 찾죠."

샘 월튼 역시 생활일용품이라는 평범한 장사로 이 일을 시작했지만 남다른 사업수완으로 평범하지 않은 월마트 왕국을 만들어 냈다. 샘 월튼보다 큰 장사로 시작한 어느 누구도 그보다 큰돈을 벌지 못했다.

샘 월튼의 말처럼 성공의 기회는 언제나 우리가 하고 있는 일 속에 있다. 이것을 증명하는 한 연구결과가 있다.

미국의 브래니커 박사는 남녀 1500명을 대상으로 20세부터 40세까지 20년 동안 연구를 진행했다. 이 1500명 중 83명만이 백만장자가 되었다. 백만장자가 된 83명의 공통점은 일찍이 그들이 좋아하는 일을 정하고 그것에 매진했다는 점이다. 박사는 그들이 15년 내지 20년 동안 열심히 일한 결과로 재산이 100만 달러가 넘는 것을 발견하였다. 이 사람들 중 70~80%가 천재도 아니었고 기업가도 아니었다. 다만 자신의 일에서 탁월한 업적과 전문성으로 갑부가 된 사람들이었다.

성공하는 사람들은 자신이 밟고 있는 땅에서 기회를 발견한다. 누구나 그 땅을 밟고 있지만 다만 그것을 찾느냐 그렇지 못하느냐가 성공과 실패를 가른다.

요한 그랜트는 철강회사에서 일하며 주급 2달러를 받았다. 처음 회사에 채용되었을 때 사장은 "일에 필요한 모든 것은 사소한 일까지도 숙달해야 하네. 이렇게 해야 일에서도 실수가 없어. 실적이 좋으면 그에 상응하는 보상을 할 테니 열심히 한 번 해 보게"라고 말했다.

그랜트는 일에서 어느 것 하나도 놓치지 않기 위해 하나하나를 주의 깊게 관찰했다. 몇 주 후 사장이 언제나 수입품의 명세서를 자세하게 검토한다는 사실을 알게 되었다. 이 상품은 독일과 프랑스에서 수입하는 것으로 그랜트도 목록을 이해하기 위해 독일어와 프랑스어 교재를 구입하여 열심히 공부했다. 그리고 바이어 목록을 만들어 수입금액 순으로 정리하고 잘 나가는 품목도 표를 만들어 일목요연하게 정리했다. 하루는 사장의 일이 많아 그랜트에게 수입 명세서를 정리하는 일을 시켰다. 평소 직접 목록표를 따로 만들었기 때문에 이미 명세서는 수도 없이 보았으므로 그 내용은 그랜트의 머릿속에 정리되어 있었다. 따라서 일을 신속하고도 완벽하게 처리할 수 있었다. 사장은 그랜트의 일의 속도와 정확성에 감탄하여 이후 명세서 확인은 전적으로 그랜트에게 맡겼다.

한 달 후 사장이 사무실로 불렀다.

"이 업계에서 34년을 일했지만 자네처럼 스스로 기회를 만들고 그 기회를 잡는 사람은 본 적이 없네. 수입을 담당하는 부서를 자네에게 맡기겠네. 중요한 자리지만 자네 정도의 능력이라면 충분히 이 일을 해낼 수 있을 거라 믿어. 20명의 신입사원이 입사했지만 자네만이 이 일의 중요성을 알아봤으니 자네가 맡아야지."

그랜트의 임금은 매주 10달러로 올랐고 5년 후에는 800달러가 되었으며 프랑스와 독일로 출장을 다녔다. 사장이 그에 대하여 이렇게 평가했다.

"요한 그랜트는 30세가 되면 우리 회사 주주가 될 거야."

그랜트처럼 반복되는 또는 작은 일속에서 기회를 발견할 수 있다는 것은 매우 중요하다. 모든 아이디어와 창의성도 이러한 작은 일부터 충실하게 익힐 때 나오며 남과 다른 생각이 성공의 기회를 만든다. 이것은 자신이 하고 있는 일에 매진하고 연구를 게을리하지 않을 때 가능하다.

일본 동경의 한 카페주인은 떨어지는 매출 때문에 전전긍긍하고 있었다. 어떻게 하면 매출을 올릴 수 있을까를 연구하다 커피의 양을 줄이면서 이윤은 배로 늘리는 묘안을 생각해냈다. 그는 20명의 친구들에게 각각 농도는 같지만 잔의 색상만 다른 4잔씩의 커피를 제공했다. 커피색, 빨강색, 파란색과 노란색의 4가지 색상이었다. 친구들은 똑같은 커피를 마시고도 4잔의 커피에 대해 완전히 다른 평가를 내렸다. "파란 잔의 커피는 매우 연하다, 노란 잔의 커피는 진하지 않고 매우 적당하다, 커피색 잔에 들어 있는 커피와 빨간 잔의 커피는 매우 진하다"라고 답했다. 특히 '빨간 잔의 커피는 매우 진하다'라는 답이 90%를 차지했다. 이 실험 결과에 근거하여 카페 주인은 커피 잔의 색상을 모두 빨강색으로 바꿨다. 커피 함량은 대폭 줄었지만 색상에 따른 착시현상 때문에 고객들은 커피 향이 진하다고 착각했다. 곧 이 카페의 커피는 향이 풍부하고 맛이 진하다고 입소문이 퍼져서 손님들이 줄을 잇기 시작했다. 카페 주인의 소원대로 장사는 날로 번창했다.

만약 이 카페 주인이 "카페는 너도나도 다 하니 경쟁력이 없어. 요즘 뜨고 있는 아이템이 없나? 이 참에 업종을 바꾸는 게 낫지." 내지 "카페는 인테리어가 생명이야. 매출을 올리려면 인테리어부터 바꿔야 해"라고 생각했다면 성공은 그와 별로 인연이 없었을지 모른다. 또한 업종을 바꿨다면 처음부터 다시 시작했어야 했다. 그러나 그는 좌절하지 않고 자신이 하는 일의 범위 내에서 해결책을 끊임없이 고민했고 남다른 기회를 발견함으로써 작은 아이디어로 큰 성공을 거둘 수 있었다.

성공의 기회는 이와 같이 아주 특별하거나 우리가 닿을 수 없는 높은 곳에 있는 것이 아니다. 샘 월튼의 말처럼 언제나 당신 주위의 반경 25미터 내에 존재하며 자신이 딛고 있는 현실에서부터 착실하게 쌓아 올릴 때 잡을 수 있다.

한 젊은이가 있었다. 그는 항상 사표를 가슴에 넣고 다니며 "난 언제라도 사표를 던질 준비가 되어 있어"라고 큰소리를 쳤다. 그러나 누구보다도 직장에서 오랫동안 버티면서 상사와 회사에 대해 불만을 늘어놓았다. 하루는 큰 결심을 하고 성공하는 비결을 듣기 위해 맨손으로 시작해 갑부가 된 부자를 찾아갔다.

"어떻게 빈털터리에서 부자가 될 수 있는지 알고 싶은 게지"라고 젊은이가 들어서자마자 부자가 말했다.

젊은이는 "어떻게 아셨죠?"라고 놀라서 물었다.

"자네 이전에 이미 많은 빈털터리들이 나를 찾아와 그것을 물었거든. 그들이 이곳에 찾아왔을 때는 가진 것은 없고 온통 불만만 가득했지만 돌아갈 때는 모두 부자가 되었지. 자네도 그렇고 그 사람들도 이미 충분히 부잔데 왜 그렇게 불만이 많은지 모르겠어. 쯧쯧."

젊은이는 귀가 번쩍 뜨여 물었다.

"제가 이미 부자라고요? 무슨 말씀이세요?"

"두 눈을 가지고 있으니 내게 하나만 주면 그 대가로 오만 달러를 주겠네."

"안 됩니다. 눈은 드릴 수 없어요." 젊은이가 기겁을 했다.

"그럼 팔 하나는 어떤가? 십만 달러를 줄게."

"아직 성공도 못해 봤는데 팔까지 잃을 수는 없어요. 안됩니다." 젊은이가 소리쳤다.

"눈을 가지고 있으니 배울 수 있고 튼튼한 팔을 가지고 있으니 일도 할 수 있잖아. 그러니 자넨 이미 부자가 아니고 뭔가? 이것이 바로 성공의 비결이라네." 부자가 웃으며 말했다.

젊은이는 이 말을 듣고 깨달음을 얻었다. 그는 부자노인에게 인사를 하고 기쁜 마음으로 걸어 나왔다. 그는 이미 자신이 얼마나 많은 것을 가지고 있는지 깨달았기 때문에 다른 사람들처럼 부자가 되어 돌아갔다.

이 우화처럼 우리 모두는 성공할 수 있는 충분한 능력을 갖고

part 2. 지금 하고 있는 일을 소중히 여기십니까?

73

있고 성공으로 가는 일을 하며 살고 있다. 그러나 어떤 사람들은 자신이 무엇을 가지고 있는지 전혀 모른 채 현실과는 동떨어진 높은 이상만 추구하고, 잘 나가는 친구의 일만 부러워하거나 심지어는 성공한 사람들의 기회를 감탄만 한다.

우리의 일은 마치 커다란 건축물과도 같다. 주춧돌을 깔고 기둥을 세우며 한층한층 쌓아올려 커다란 빌딩을 완성하듯이 자질구레하며 기초적인 일에서부터 시작하여 점점 더 중요하고 어려운 일을 맡게 된다. 또한 이런 단계를 거쳐야 능력을 보여줄 수 있는 어려운 일이 떨어지더라도 우왕좌왕하지 않고 좋은 결과를 얻을 수 있다. 그러나 많은 사람들이 직장에 들어가는 그 순간부터 자신이 있는 곳은 관심이 없고 빌딩의 맨 꼭대기를 구경하고 싶어한다.

부자노인의 말처럼 성공의 첫 번째 비결은 자신이 무엇을 가지고 있는지부터 점검해야 한다. 그리고 그 능력을 지금 하고 있는 일에서 남들보다 두 배로 발휘해 보라. 그 몇 배에 달하는 성공의 기쁨을 누릴 수 있다.

04_ 오늘 열심히 일하지 않으면
내일은 열심히 직장을 찾아야 한다

일은 자신이 그리는 한 폭의 그림과도 같다.
아름답거나 추하거나 또는 사랑스럽거나 혐오스럽거나
모두 자신이 그리는 대로 표현된다. 따라서 불평불만으로 시간을 허비하면
남들이 보기에도 좋지 않은 그림이 완성되므로 결과는 좋을 리 없다.
속담에 '원망은 더 나쁜 상황을 아직 보지 못했기 때문에 생긴다'라는 말이 있다.
열심히 일하지 않고 불평불만만 늘어놓는 것은
직장을 잃었을 때 마주치게 될 상황을 생각하지 않기 때문이다.

처음 우리가 직장에 발을 들여놓으면 누구나 가슴에 이상과 꿈을 가득 안고 장밋빛 미래를 꿈꾼다.

"그래 이제부터 시작이야. 멋지게 살아보자고."

주먹을 불끈 쥐고 의욕으로 가득 차서 회사문을 들어서고 상사가 시키는 모든 일에 최선을 다하며 회식 자리는 빠지지 않고 따라다니며 사람들과 친해지려 노력한다.

그러나 처음 기대와는 달리 매일매일 반복되는 단순 작업, 상사에게 시달리며 받는 스트레스, 동료들과의 보이지 않는 치열한 경

part 2. 지금 하고 있는 일을 소중히 여기십니까?   75

쟁 등등 무엇 하나 내 맘대로 되는 일이 없는 것 같은 암담한 현실과 마주한다.

특히 어디에나 있기 마련인 까다로운 상사는 직장 생활에서 견디기 힘든 장애물 중의 하나다. 지각, 실수 등 부하직원이 잘못한 일은 작은 것도 모두 기억하면서 잘한 일은 하나도 기억하는 것이 없고 못하면 부하직원의 책임이고 잘하면 자신의 공으로 돌린다.

이런 사소한 일들이 하나 둘 쌓여감에 따라 원망과 불만도 함께 커져만 간다. 심지어는 이런 대우를 받는 것은 든든한 배경이 없어서 그런 것처럼 느껴지기도 한다. '누구는 부모 잘 만나 든든한 빽이라도 있지만 나는 뭐가 있어? 요즘은 자신의 노력만으로는 성공하기 힘든 세상이라고. 그래서 내가 이 모양인 거지. 죽어라 노력하면 뭘 하나. 밑 빠진 독에 물붓기야'라고 부모를 원망하고 실력 있는 자신을 알아주지 않는 무심한 세상을 원망한다.

99%의 노력으로 천재가 된 에디슨은 "실패하는 사람은 이미 자신이 성공과 맞닿아 있다는 것을 깨닫지 못하고 성공 바로 앞에서 성공의 기쁨을 포기하는 사람이다"라고 말했다.

일을 하면서 우리는 수많은 장애물과 부딪힌다. 이때마다 두 배로 좌절하고 절망하면서 '역시 나는 운이 없어'라는 생각으로 포기해 버린다. 이 때문에 여태까지 쌓아 놓은 공든 탑은 일순간에 무너진다.

우리가 어떤 일을 하든 끝까지 포기하지 않는 것은 매우 중요하다. 넘지 못할 산이라고 느끼면 더더욱 앞으로 전진해야 한다. 그 산만 넘으면 바로 성공이 기다리고 있기 때문이다.

어떤 사람이 실험을 했다. 굶주린 악어와 작은 물고기를 수족관의 양 끝에 놓고 가운데 투명한 플라스틱 칸막이를 설치해 열고 닫을 수 있도록 했다. 먼저 칸막이를 닫았다. 악어는 반대편의 물고기를 보자 주저 없이 물고기 쪽으로 달려들었지만 칸막이에 부딪혀 실패했다. 그러나 악어는 조금도 풀이 죽지 않았다. 다시 물고기 쪽을 향해 수차례 맹렬하게 달려들었지만 결과는 계속 같았고 심지어 부상까지 입었다. 여러 번 공격을 시도하였으나 물고기를 잡을 수 없자 나중에는 포기하고 다시는 공격하지 않았다. 바로 이때 칸막이를 열었다.

과연 악어가 어떻게 반응했을까? 모조리 잡아먹었을까?

악어는 다시는 물고기를 공격하지 않았다. 심지어 물고기들이 바로 눈 밑에서 유유히 왔다 갔다 헤엄쳐도 악어는 어떤 시도도 하지 않았다. 완전히 포기해 버렸다.

직장에서 많은 사람들은 여러 번의 실패와 좌절을 겪으면 악어처럼 의지를 상실한다. 처음에 가졌던 열정은 사라지고 꿈은 산산조각 나버려 장밋빛 환상은 암담한 현실로 바뀌고 이 때문에 비관적인 생각으로 머릿속이 가득 차서 자신의 태도는 돌아보지 않고 회사와 상사에게 욕지거리만 퍼부었다.

사실 한두 마디의 불만은 개인과 회사에 커다란 영향을 미치지는 않는다. 그러나 계속해서 불평불만의 말을 하면 마음이 불안정해지고 편협해지며 동료와 잘 어울리지 못하고 일은 대충대충 처리하게 된다.

이런 사람들은 자기가 일을 성공시키지 못했을 때 언제나 자기합리화를 한다. 이것은 이래서 못했고 저것은 저래서 못했고 끊임없이 못할 수밖에 없는 이유를 만들어 낸다. 그리고 자신은 최선을 다했는데 사장과 상사가 자신을 알아주지 않는다고 원망한다.

기업들은 경기불황에서 살아남기 위해서 또는 이윤의 극대화라는 효율성의 측면에서 구조조정을 통해 정규직을 줄이고 임시직과 일용직의 비율을 높이고 있다. 이때 가장 먼저 피해를 보는 사람들은 이렇게 일할 수 있는 기회를 소중히 여기지 않고 의지를 상실한 채 불평만 늘어놓는 사람들이다. 이런 사람들은 개인적으로는 일에 발전이 없고 따라서 성과도 없기 때문에 회사로서도 이들에게 월급을 주는 것은 손실이므로 구조조정이 시작되면 첫 번째 감원대상이 된다. 결과적으로 이들은 어쩔 수 없이 다시 일을 찾기 위해 사방팔방으로 뛰어다녀야 한다.

오정태는 백화점의 구두 코너에서 7년간 일했다. 그런데도 직책은 6년째 주임이었다. 그는 사장의 안목이 좁아서 자신의 업무실적을 제대로 인정받지 못하고 있다고 생각했다. 반면 자신의 실력에 대해서는 상당한 자신감을 가지고 있었다.

하루는 매장으로 찾아온 친구에게 "나 정도의 경력과 능력이면 어디 가도 일을 못 얻겠어? 왜 승진을 시켜주지 않는지 이해가 안 돼. 그만두란 얘긴지, 내가 그만두면 사장만 손해보는 거지"라고 큰소리를 치고 있었다.

　이때 한 고객이 다가와서 구두를 구경했다. 그러나 오정태는 상관하지 않고 친구를 붙들고 신세한탄을 했다. 친구가 "손님 오셨는데……"라고 말했다. 오정태는 "응, 요즘 고객들은 옆에 따라다니는 거 싫어해. 혼자 구경하게 내버려둬. 살 의향이 있으면 사고 안 살 거면 구경하다 그냥 나가겠지"라고 말한 채 고객을 무시하고 친구를 붙들고 얘기를 계속했다. 고객은 들어와도 상관하지 않는 점원의 태도에 기분 나쁜 표정을 지었지만 오정태는 개의치 않았다. 고객이 "이것은 색상이 이것 밖에 없어요?"라고 물었다. 오정태는 "예, 그거 한 색상으로 나왔어요. 사이즈도 거기 나와 있는 것이 답니다"라고 짧게 응대했다. 고객은 성의 없는 태도에 구두를 놓고 나가 버렸다.

　3개월 후 친구가 점심이나 같이 먹을까 하고 백화점으로 찾아갔지만 오정태는 그곳에 없었다. 다른 점원이 일하고 있어서 혹시 휴가인가 하고 새로운 점원에게 물어보니 지난 달 회사 구조조정 때 해고되었다고 알려주었다.

　몇 달 후 친구는 시내에서 우연히 오정태를 다시 만났다. 얼굴에 수심이 가득한 것이 예전의 의기양양한 모습은 온데간데 없었다.

　"야, 정태야. 오랜만이다. 너 어떻게 된 거야?"

part 2. 지금 하고 있는 일을 소중히 여기십니까?　　　79

친구가 물었다.

"(겸연쩍게 머리를 긁으며) 응, 경기가 불경기여서 그런지 일자리 찾기가 힘드네. 오늘 한 군데 면접이 있어서 가는 길이야"라고 대답했다.

친구가 어떤 회사냐고 물었다. 오정태는 "예전에 하던 일과 같은 업종이야. 시간이 급해서 나 먼저 좀 갈게. 늦으면 큰일나거든"이라고 말하고 황급히 뛰어갔다.

아마 오정태는 일을 찾기 위해 이곳저곳을 뛰어다니며 자신에게 주어졌던 기회가 얼마나 소중했었는지보다는 사장의 근시안을 원망할지도 모른다. 만약 자신에게 주어진 일에 최선을 다하고 성공의 기회를 찾았다면 지금처럼 다른 직장을 얻기 위해 백방으로 뛰어다닐 필요도 없다.

직장에서 겪는 실패, 스트레스, 굴욕 등은 누구나 겪는 일의 한 부분이며 더 발전하기 위한 과정일 뿐이다. 힘든 절망의 순간에 좌절하지 않고 앞으로 뚫고 나가면 성장의 계단을 한 단계 올라서는 것이고 뒤로 물러나면 더 이상 성장할 수 없을뿐더러 또 다른 직장을 찾아나서야 한다. 그러나 다른 일, 다른 직장이라고 해서 이전에 겪었던 과정을 그냥 통과하지 않는다. 다시 똑같은 과정이 반복될 뿐이다.

그렇다면 현재 내가 하는 일에서 포기하지 않고 끝까지 노력하는 자세는 최후에 거두는 성공의 원동력이다.

옥스퍼드 대학에서 성공의 비결이라는 강좌에 처칠 수상을 초청해 강의를 부탁했다. 당시 처칠은 반파시스트 전쟁에서 영국을 승리로 이끌었다. 영국이 가장 어려운 시기에 수상이 되어 대대적인 승리를 이끌었으므로 그의 인기는 하늘로 치솟고 있었다. 각종 매체에서는 3개월 동안 대대적으로 그에 대한 기사를 떠들어댔고 강의실은 그를 보기 위해 몰려든 사람들로 인산인해를 이루었다. 모두 이 위대한 인물의 성공 비결을 듣기 위해 귀를 기울였다.

그러나 뜻밖에도 그의 강의는 몇 마디로 끝났다.

"저의 성공 비결은 세 가지입니다. 첫째 절대 포기하지 말아라. 둘째 절대, 절대 포기하지 말아라. 셋째 절대, 절대, 절대로 포기할 수 없다입니다. 제 강의는 이것으로 끝입니다."

그가 강의를 끝내고 걸어 나갔을 때 사람들은 여전히 조용히 앉아 있었다. 1분 정도 지나자 갑자기 우레와 같은 박수가 터져 나왔다. 그리고 그의 말에 전적으로 동의했다.

실패하는 사람은 한 번에 성공하기를 원한다. 그러나 성공하는 사람은 일부의 성공에서 얻은 경험을 바탕으로 차츰차츰 발전하여 얻을 수 있는 것이 성공이라는 것을 안다. 따라서 우리도 일에서 수많은 실패를 경험하고 당장 기회를 얻지 못한다고 생각해도 성공에 도달할 때까지 최선을 다해야 한다.

성공은 매일매일 근면하게 노력하는 삶의 과정을 통해 이룰 수 있다. 남들에 비해 한꺼번에 많은 것을 할 필요는 없다. 다만 한발

part 2. 지금 하고 있는 일을 소중히 여기십니까?

짝 한발짝 성실하게 노력하다 보면 남들보다 특별해질 수 있다.
성공한 세일즈맨이 한마디로 그의 경험을 요약했다.
"당신이 남들보다 성공하고 싶다면 매일 남들보다 5명의 고객을 더 방문하라."
이것을 증명하는 성공의 법칙이 있다. 유명한 투자전문가 존 템플턴이 많은 사례조사와 연구를 통해 중요한 사실을 발견했다. '1온스의 차이'라는 법칙이다. 큰 성공을 거둔 사람과 보통의 성공을 거둔 사람들의 노동의 양은 크게 차이가 없고 단지 1온스 정도의 미세한 차이라고 말한다. 그러나 이 작은 차이가 일에서 커다란 성공을 만들어 낸다.
'1온스의 차이'라는 미세한 차이가 주위 사람들과 구별짓게 한다. 남들보다 1온스 정도 많게 일함으로써 일의 성과는 크게 달라진다.
사장이 기회를 주지 않는다고, 상사가 나를 알아주지 않는다고 불평하는 것은 패자의 변명에 불과하다.
그 시간에 자신의 일에서 단지 '1온스의 차이'를 더한다면 당신은 우수한 사원이 될 수 있다. 이것은 커다란 재능을 요하는 것도 아니며 많은 시간을 요구하는 것도 아니다. 다만 매일매일 남들보다 조금씩 더 일하고, 더 일을 존중하며, 더 책임을 다하려 노력해 보라. 이것으로 인해 당신은 자신의 성실한 업무 태도를 보여줄 수 있고 실력을 발휘할 기회를 얻을 수 있으며 자신의 가치를 높이게 된다.

이것이 바로 성공한 사람들이 가지고 있는 공공연한 성공의 비밀이다.

05_ 여러 마리 토끼를 쫓으면
한 마리도 잡지 못한다

목표가 없으면 과녁 없이 아무 데나 활을 쏘는 격이므로
인생의 도착지가 없는 것과도 같다. 반대로 목표가 여러 개이면
어느 곳에 쏠지 정할 수가 없어 결국 한 곳도 제대로 맞출 수 없다.
모든 것을 다 잘하려 하면 하나도 제대로 할 수 없고
모든 것을 다 알려고 하면 제대로 아는 것이 하나도 없게 마련이다.
성공의 길은 명확한 목표를 세우는 것에서부터 시작된다.
정해진 방향이 없으면 인생의 사거리에서 어디로 갈지 몰라 우왕좌왕하게 되므로
정확한 인생의 항로를 정해야 성공의 길로 들어서게 된다.

요즘 직장이 끝나면 한두 개의 아르바이트를 하는 모습은 낯설지 않다. 그래서 투잡족 쓰리잡족이라는 신조어가 생겼다. 오히려 이렇게 많은 일을 맡는 것이 개인적인 능력의 척도가 되기도 한다.

"요즘 물가가 얼마나 비싼 줄 알아? 남들 하는 것 다하면서 살려면 벌 수 있는 만큼 벌어야지. 그래도 능력이 있으니까 여기저기서 부르는 거라고. 노세 노세 젊어서 노세. 이것은 옛말이야. 요즘은 '일하세 일하세 젊어서 일하세'가 대세야. 그래야 늙어서 기죽지 않고 폼나게 산다고."

개인적인 능력이 있어 직장이 끝나고 아르바이트의 현장으로 달려가 밤늦게까지 열심히 사는 모습은 칭찬받을 만하다. 그러나 문제는 사람의 집중력에는 한계가 있으므로 모든 일을 다 잘할 수는 없다는 사실이다. 하는 일이 많아지다 보면 정작 자신의 본업에는 충실할 수 없어 일의 효율과 질이 함께 떨어진다. 때로는 아르바이트를 완수하기 위해 근무시간을 짜내어 상사 몰래 숨어서 일을 하는 경우가 생긴다. 사장이 이 사실을 안다면 좋아할 리 없고 그 결과는 불을 보듯 뻔하다.

이수진 대리는 광고회사에서 디자인을 담당하고 있다. 실력이 좋아 회사에서 신임을 한 몸에 받았다. 어느 날 경쟁사에서 일하고 있는 친구에게서 연락이 왔다.

"디자인을 담당하는 과장이 갑자기 그만두게 되어 너를 사장에게 추천했어. 사장님은 프로필이 마음에 드신다고 당장 면접을 보자고 하셔."

면접이나 볼까 하는 마음으로 응했지만 결과는 합격이었다. 직책도 지금 보다 높은 과장에 연봉도 훨씬 더 많았다. 다니던 회사의 사장은 너무나 아쉬워하며 몇 번을 붙잡았지만 이수진 대리는 자신의 앞날을 위해 큰 결심을 하고 회사를 옮겼다. 그런데 다니던 전 직장에서 계속 연락이 왔다.

사장은 "당장 사람 구하기가 쉽지가 않네. 아르바이트라도 좀 해줘. 보수는 섭섭지 않게 줄게"라고 제안했다. 여러 차례 일을 맡아달라고 부탁을 하자 이수진도 더 이상 거절을 할 수 없었다. 또한 무엇보다 월급 이외에 수입이 생기므로 구미가 당겼다. 회사가 끝나면 전 직장으로 달려가 일을 하거나 집에서 작업을 했다.

한번은 공교롭게 같은 광고주 회사의 프리젠테이션 시안작업을 이수진이 맡게 되었다. 양심의 가책을 받았지만 회사에서 아르바이트를 하는 것을 몰랐으므로 문제가 될 것이 없다고 생각했다.

그런데 문제가 발생했다. 프리젠테이션 결과 이수진의 이전 직장이 그 광고를 맡게 되었고 현재 다니는 직장의 사장이 이수진의 아르바이트 사실을 알게 되었다. 더구나 같은 광고 시안을 그녀가 작업했으므로 스파이라는 의심까지 받게 되었다. 결국 이수진은 불명예를 안고 회사를 그만둘 수밖에 없었다.

한 성공한 전문직 종사자는 이렇게 말했다.

"포기하는 법을 모르는 것은 일종의 재난이다. 이런 사람들은 욕심이 과해 결국은 아무것도 이루지 못한다."

인생은 선택의 연속이다. 성공은 기회를 잘 잡아야 하지만 한편으로는 유혹을 떨쳐버릴 줄도 알아야 한다. 포기해야 할 것을 포기하는 것은 나약함이 아니라 하나의 전략이므로 오히려 커다란 성공을 얻게 된다. 포기는 두 발짝의 전진을 위한 한 발짝의 후퇴라 할 수 있다. 테너 가수로 유명한 파바로티가 세계적인 가수가 될 수 있었던 것도 포기할 것은 과감하게 포기했기 때문에 얻은 결과다.

파바로티는 사람들이 그에게 성공의 비결을 물으면 항상 아버지께서 말씀하셨던 한 마디를 들려주었다.

그가 사범대학을 졸업할 즈음 아버지에게 물었다.

"교사가 될까요? 아니면 가수가 될까요?"

이것은 확실히 어려운 문제였다. 파바로티는 교육을 전공했지만 노래 부르는 것을 더 좋아했으므로 무엇을 해야 좋을지 정확한 판단이 서지 않았다. 그는 결정을 내리기가 쉽지 않자 교사를 직업으로 삼고 노래부르기를 취미로 할까라는 생각도 했다.

아버지는 잠시 깊이 생각하다 이렇게 말했다.

"만약 네가 두 개의 의자에 동시에 앉으려 한다면 너는 두 개의 의자 사이로 떨어질 수밖에 없어. 삶은 네가 앉을 하나의 의자를 선택해야만 하는 거란다."

모든 성공하는 사람들은 공통적인 특징을 갖고 있다. 하는 모든 일에 명확한 목표가 있다. 목표가 명확하므로 목표에 부합하지 않는 유혹과 행동은 과감하게 포기할 줄 안다. 뚜렷한 목표가 생기면 목표를 향한 열정이 생기고 잠재능력을 개발할 수 있으며 나아갈 방향이 뚜렷해지므로 어려움에 부닥쳐도 좌절하지 않고 밀고 나갈 의지가 생긴다. 한 가지 명심해야 할 것은 목표가 생기면 그것을 명확히 해야 한다는 사실이다. 모호한 목표는 당신이 성공의 피안에 도착하는 것을 도울 수 없으며 다른 유혹에 빠지기 쉬우므로 성공이 저 멀리 보여도 닿을 수 없는 상황에 이르게 한다.

한 기자가 미국의 전 재무고문협회의 총재인 루이스 워커를 취

part 2
지금 하고 있는 일을 소중히 여기십니까?

재하기 위해 방문했다. 기자가 "성공하지 못하는 사람들의 주요 원인은 무엇입니까?"라고 물었다.

워커가 대답했다.

"모호하고 명확하지 못한 목표 때문이죠."

기자가 이에 대한 자세한 설명을 부탁했다.

워커는 이렇게 대답했다.

"제가 몇 분 전에 당신에게 인생의 목표가 무엇이냐고 물었죠. 당신은 언젠가 산 위에 작은 집을 짓고 싶다고 대답했어요. 이것이 바로 명확하지 못한 목표입니다. 문제는 당신이 희망하는 '언젠가'가 명확하지 못하다는 겁니다. 목표가 구체적이지 못하면 성공 확률도 그만큼 크지 않죠."

워커는 계속해서 이야기했다.

"만약 당신이 산 위에 작은 집을 짓고 싶다면 먼저 그 산을 찾아야 합니다. 다음 작은 집을 짓기 위해서 필요한 돈을 계산한 후에 인플레이션 등의 조건을 고려하여 그 집을 지을 때 얼마가 필요한지를 구체적으로 계산해야 합니다. 계산이 나오면 이 목표를 위해 매월 일정한 금액을 저축을 해야 하죠. 만약 당신이 이렇게 실행하면 얼마 지나지 않아 정말로 산 위에 작은 집을 갖게 될 것입니다. 반대로 말로만 웃고 떠든다면 꿈은 실현될 수 없어요. 꿈꾸는 것은 행복한 일이지만 구체적인 계획을 갖고 그것을 실행하지 않으면 망상에 불과할 뿐입니다."

누구나 자신이 이루고 싶은 이상을 갖고 목표를 세운다. 목표는 이루고자 하는 소망에 대한 결심이다.

많은 사람들이 자신의 이상에 도달하지 못하는 이유는 생활의 목표를 정확하게 정하지 못하기 때문이다. 목표가 없으면 직장에서도 배회하게 되고 영원히 승진의 기회를 얻을 수 없기 때문에 빛나는 성과도 거두기 어렵다. 목표는 직장에서 더 많은 성공을 거두도록 하는 원동력이며 달성 가능한 목표는 실현의 성취감을 가져온다. 그러나 여러 개의 목표를 세우는 것 또한 성공에는 도움이 되지 못한다. 목표가 여러 개인 것은 목표가 없는 것과도 같다.

햇빛 아래에서 종이 위에 돋보기의 초점을 이리저리 움직이면 영원히 종이를 태울 수 없다. 그러나 돋보기를 한 곳에 집중하여 초점을 맞추면 오래지 않아 종이에 구멍이 뚫린다.

우리의 능력도 한 곳에 집중할 때 최대로 발휘될 수 있다. 아무리 뛰어난 능력과 재능을 갖추고 있어도 그것을 한 곳에 집중하지 않고 분산하게 되면 큰 성공과는 거리가 멀어질 수밖에 없다.

명확한 목표가 없는 사람은 사명감도 없고 진취성과 활력 역시 없다. 명확한 목표가 있다면 어떠한 상황에서도 용감하게 앞으로 뚫고 나가는 패기가 생긴다.

또한 명확한 목표를 세워야 개인의 전문성을 기를 수 있다.

현대 사회는 분업화가 진행되면서 직업도 매우 다양해지고 있다. 한국표준직업분류표에 따르면 우리나라에는 1만여 개가 넘는 직업

part 2. 지금 하고 있는 일을 소중히 여기십니까?

이 있다고 한다. 이렇게 분업이 발전하면서 한 영역에서의 전문성이 갈수록 중요해지고 있다.

　기업들 역시 마찬가지다. 갈수록 치열해지는 경쟁에서 살아남기 위해 특정한 부문, 즉 한 분야에서 완벽하고 철저함이 최우선의 가치가 되고 있다. 전문성이 없으면 많은 기업들이 시장에서 도태되는 위기를 맞이하는 것이 현실이다.

　1981년 스위스 애플시에 세운 로지텍 전자회사는 마우스와 키보드로 컴퓨터 주변기기시장에 뛰어들었다. 마우스와 키보드는 컴퓨터를 구입할 때 기본이자 없어서는 안 될 부속품이다. 그러나 가격이 낮고 마진이 적어 대형 컴퓨터 회사들은 관심을 보이지 않는 시장이었다. 그들은 마우스와 키보드의 생산은 전망 없는 사업이라고 생각했다. 그러나 로지텍은 이것이 하나의 틈새시장이라고 생각했고 마우스와 키보드를 전문적으로 생산하는 길로 들어섰다. 컴퓨터와 관련하여 메인 상품이나 전반적인 모든 상품을 취급하던 회사들은 이미 구름이 흩어지듯 시장에서 사라져 버렸지만 로지텍은 마우스와 키보드 시장에서 기술력을 인정받아 독보적인 존재가 되었다. 현재 로지텍의 제품은 마우스와 키보드 시장에서 세계 제일의 명품으로 평가받고 있다.

　이렇게 21세기의 모든 가치는 전문지식이 만들어 낸다고 해도 과언이 아니다. 따라서 기업이 필요로 하는 인재도 한 영역에서 특별한 전문지식과 기술을 가지고 있는 인재다.

대기업의 하청공장을 가지고 있는 한 사장은 이렇게 말한다.

"우리 공장에서는 세계에서 가장 우수한 최신 설비를 갖추기 위해 60만 달러가 넘는 돈을 쓰고 있습니다. 그러나 이 기기를 다루는 직원들의 수준이 설비를 따라가지 못해서 결과는 설비를 갖춘 만큼의 기대 생산량에 미치지 못하고 있어요."

많은 기업들이 최신 설비를 갖추고 있어도 정통한 기술을 보유하고 있는 직원들이 적어 기계에 문제가 생기면 속수무책인 경우가 많다.

1950년대 이야기지만 미국 포드자동차 회사에서 한 대의 기계에 고장이 발생했다. 각 방면의 기술자들이 3개월 동안 정밀하게 검사를 했지만 결함을 찾아내지 못했으므로 결국 독일에서 유명한 기술자를 불렀다. 그는 연구와 계산을 거듭한 후 분필로 기계 위에 한 줄을 긋고 시범을 보였다.

"기계를 열고, 줄을 그은 부분의 줄을 16번 돌려 풀어주세요."

이렇게 하자 기계가 제대로 작동하기 시작했다.

포드 회사 측에서 사례는 얼마를 원하는지 그에게 물었다. 그는 1000달러를 요구했다. 사람들은 줄 하나 긋는 것에 그렇게 높은 가격을 제시하는 것에 기가 막혔다.

그는 담담하게 말했다.

"줄 하나에 1달러고 어디에 줄을 그어야 하는지 아는 것이 999달러입니다."

 part 2. 지금 하고 있는 일을 소중히 여기십니까?

이것이 전문지식이 가지고 있는 위력이자 가치다. 자신이 일하는 분야에서 남들보다 뛰어난 전문지식과 서비스 정신을 갖추고 있다면 어느 직장에서나 환영받는다.

이러한 전문성은 자신이 맡은 일과 관련하여 끊임없이 공부하고 연구하며 완벽을 추구할 때 갖출 수 있다. 모든 것을 조금씩 잘하기보다 한 가지라도 완벽한 기술과 전문지식을 가지고 있다면 이것이 남들보다 성공할 수 있는 경쟁력이다. 여러 마리의 토끼를 동시에 쫓으면 한 마리도 잡을 수 없다. 튼실하게 생긴 한 마리의 토끼를 집중해서 쫓아가야 목표를 달성할 수 있다는 것은 고금(古今)의 진리다.

part 03

사장의 마인드로 일하면 성공이 보입니다

01_ 내 사업처럼 일하면
성공은 나의 것이다

어떤 사원이 가장 우수한 사원이냐고 묻는 기자의 질문에
빌 게이츠는 다음과 같이 답했다.
"우수한 사원은 자신의 일에 무한한 열정을 가지며
고객에게 상품을 설명할 때 전도사가 포교를 하듯이 합니다."
우수한 사원은 회사는 사장의 것이지만 일하는 무대는 자신의 것이라 생각한다.
자신의 일을 하나의 사업으로 생각하므로 사명감과 열정으로 충만하고
이러한 태도는 일에서의 성공으로 이어진다.

어느 날 구조조정이 시작되고 회사에 몸 바쳤던 동료나 상사가 떠나게 되면 많은 직장인들은 자신의 모습을 다시 한 번 돌아보게 된다.

'지옥철에 시달리며 간신히 9시까지 출근을 해서 업무보고와 함께 전쟁 같은 하루가 시작되지. 사건사고를 처리하느라 하루종일 분주히 뛰어다녀. 6시가 땡 치면 지친 몸을 이끌고 회사문을 나서지만 그것은 일이 없을 때 얘기야. 할 일이 남아 있으면 밤늦게까지 야근을 해서라도 끝내야 해. 생각해 보면 나는 회사의 부속품일 뿐인데 내가 왜 이렇게 사는 거야. 회사는 사장 것이니까 몸 바쳐 일

 part 3. 사장의 마인드로 일하면 성공이 보입니다

해 봐야 나만 손해지.'

　많은 직장인들은 사장과 직원의 관계를 직원은 노동을 제공하고 사장은 돈을 지불하는 등가교환관계로 생각한다. 이런 사람들은 일에 전혀 열정적이지 않으며 자리를 지킬 만큼만 일하고 그 이상의 노력은 손해라고 생각한다. 그러나 회사에 몸을 담고 있는 이상 회사와 직원은 같은 배를 탄 공동운명체의 관계다. 이 배에서 사장은 방향키를 잡은 사람이고 직원은 배가 항해하도록 조작하는 사람들이다. 시장이라는 거친 바다를 안전하게 건너기 위해서는 사장과 직원들이 함께 노력해야 한다. 회사의 발전은 사장을 포함한 직원들 각자가 노력하고 책임을 다할 때 가능하다. 함께 한 노력의 대가로 돌아오는 수익과 발전에는 직원들에게 돌아가는 몫도 포함되어 있다. 사장은 직원들에게 재능을 발휘할 무대를 제공해 주고 직원들은 무대에서 각자의 역할을 맡게 된다. 따라서 우수한 사원들은 일을 자신의 사업이라 생각하고 맡은 바 책임을 완벽하게 완수해 낸다.

　강씨는 정년퇴직 후 생계를 위해 친구의 소개를 통해 공장의 창고를 관리하는 직원으로 취직했다. 일이 바쁘지는 않았지만 직원들이 모두 퇴근하면 불을 끄고, 창문을 잠그고, 화재의 위험이 없는지 확인하는 일을 빠뜨리지 않고 꼼꼼히 했다. 또한 출고일지를 점검하고 창고에 쌓인 상품들을 가지런하게 정리하며 항상 창고의 구석구석에 먼지가 쌓이지 않게 쓸고 닦았다. 2년 동안 한 번도 창고에서 도난 사고나 화재가 발생한 적이 없었고 직원들은 강씨 덕분에 상품을 바로바로 찾을 수 있었다. 공장 창립 20주년 기념식이 있던 날 사장은 특별히 강씨에게 금일봉 2000만원을 전달했다. 나이 많은 직원들은 이해할 수 없다는 불만의 표정을 얼굴에 가득 지었다. 그들 생각에 강씨는 이 공장에 온 지 2년 밖에 안 됐고 그가 하는 일은 별로 중요하지도 않은데 포상금 2000만원을 받다니 도무지 이해가 가지 않았다. 사장은 그들의 표정을 읽고 이렇게 말했다.

"제가 2년 동안 창고를 몇 번이나 점검했다고 생각하십니까? 단 한 번도 점검하지 않았습니다. 왜냐면 점검할 것이 없을 정도로 모든 것이 완벽하니까요. 강씨는 창고를 관리하는 보통 직원이지만 우리 회사에 온 이래 단 한 번도 실수를 한 적이 없고 다른 부서의 직원들과 호흡을 맞추어 상품을 출고하는데 조금도 불편함이 없도록 타부서까지 배려했습니다. 일에 항상 충실한 자세로 임하고 창고를 마치 자신의 집처럼 관리하더군요. 강씨의 책임감에 상을 주어 마땅하다고 생각합니다."

많은 사장들이 원하는 직원은 회사의 일을 자신의 일처럼 생각하는 사람이다. 이런 직원은 언제 어디서나 어떠한 일을 맡겨도 책임을 다하고 즐거운 마음으로 일을 처리한다. 또한 지시하는 일만 하는 것이 아니라 좀더 좋은 결과를 얻기 위해 시키지 않아도 필요한 일을 찾아서 한다. 따라서 이런 직원들은 사장의 마음속에 가장 우수한 사원으로 자리잡는다.

한 늙은 국왕이 있었다. 살날이 얼마 남지 않음을 느낀 국왕은 자신의 세 왕자 중에서 후계자를 정하기로 했다. 세 왕자 모두 훌륭했으므로 한 명을 선택하는 것은 쉽지 않았다. 그래서 국왕은 시험으로 가장 우수한 한 명을 고르기로 했다. 그는 시민 중에서 무작위로 100명의 호적을 골라 왕자들에게 정리하는 일을 시켰다. 이 일은 매우 번거롭고 무미건조한 일로 국왕은 정리방법과 제출기한 그 어떤 것도 정해주지 않고 능력껏 알아서 가장 효과적으로 정리하라고 일렀다.

얼마 후 첫째 왕자가 정리를 마친 호적을 들고 와서 국왕에게 보여주었다. 국왕은 미소를 지으며 고개를 끄덕였다.

며칠이 지나 둘째 왕자가 정리된 호적을 들고 왔다. 비록 첫째 왕자보다 늦게 가져왔지만 둘째 왕자의 글씨가 더 또박또박하고 보기 좋게 정리되어 있었다. 첫째 왕자의 것보다 더 훌륭했다. 국왕은 또 미소를 지으며 고개를 끄덕였다.

국왕과 대신, 두 왕자는 이제 셋째 왕자의 정리된 호적을 기다렸다. 한 달이 지났을 때 셋째 왕자가 호적을 들고 왔다. 국왕은 찬찬히 살펴보고 미소를 지으며 고개를 끄덕였다.

다음 날 국왕은 회의를 소집해서 셋째 왕자를 후계자로 정한다고 선포했다. 이 말을 들은 첫째 왕자와 둘째 왕자는 의외라고 생각했고 이 결정에 따를 수가 없었다.

첫째 왕자가 말했다.

"일의 효율성으로 따지자면 제가 제일 우수하다고 생각합니다. 제가 가장 먼저 일을 끝냈는데 왜 저를 뽑지 않으시는 겁니까?"

둘째 왕자도 자신의 의견을 말했다.

"비록 시간은 형님보다 늦었지만 글씨체는 제가 더 보기 좋고 셋째보다는 빨리 정리했는데 왜 저를 뽑지 않으셨습니까?"

잠시 후 국왕이 대답했다.

"너희에게 일을 지시한 후 몰래 너희가 일하는 것을 지켜보았노라. 나라의 주인을 뽑는 일이므로 너희들 모두 신중하고 열심히 일에 임했다. 3일이 지났을 때 첫째 왕자의 얼굴에는 귀찮은 표정이 역력했다. 그러나 왕위를 물려받아야 하므로 애써 참고 호적을 정리하더구나. 정리하는 동안에도 이리저리 뛰어다니며 불안한 마음으로 일을 대하는 것을 볼 수 있었다. 가장 빨리 정리할 수 있었던 것은 대충대충 일을 처리했기 때문이지. 첫째 왕자는 꾹 참고 이 일을 견뎌냈다고 말할 수 있다.

둘째 왕자의 경우 빈틈없고 꼼꼼히 일을 처리했다고 할 수 있다. 일을 하는 내내 열심이었고 호적정리도 보기 좋게 잘 했더구나. 그러나 아무 생각 없는 것이 마치 일하는 기계와 같았지. 둘째 왕자는 피동적으로 이 일을 했을 뿐이야.

셋째 왕자는 호적을 가져가서는 급하게 정리하지 않고 이리저리 훑어보며 충분히 연구를 하는 모습이었다. 일에 재미를 느끼는 모습이었어. 가장 시간이 오래 걸린 이유는 정리를 끝내고 나서 완벽하게 정리될 때까지 수정에 수정을 거듭했기 때문이다. 자세히 보니 마지막에 다시 한 번 베껴 쓴 것을 알 수 있었다. 너희도 보면 알겠지만 100명을 이름 순서로 다시 정리해 놓았다. 이것은 일을 즐기며 했다고 할 수 있지. 이것이 내가 셋째 왕자에게 이 나라를 맡기려는 이유다."

유명한 한 기업가가 이렇게 말했다.

"저희 직원 중에서 가장 불쌍한 사람은 월급만 생각하고 다른 것에는 아무 관심도 없는 사람입니다. 그 다음이 일 자체만 바라보는 사람이에요. 일을 일이라 생각하면 좋아하는 일을 하고 있더라도 열정을 지속시킬 수 없어요. 쉽게 지쳐 버리죠. 일을 자신의 사업이라 생각하면 상황은 완전히 달라집니다. 같은 일을 하더라도 일이 즐겁게 느껴지고 열정이 솟구침을 느끼게 되죠. 이것이 성공하는 사람과 그렇지 못한 사람의 차이라고 생각합니다."

단순하고 재미없고 힘든 일을 할 때 자신의 사업이라 생각하고 일을 대하면 어떤 스트레스와 단조로움도 참을 수 있고 하는 모든 일이 가치 있게 느껴지며 사명감과 성취감으로 충만해진다.

조나단은 열세 살 때 무엇인가를 이루겠다는 꿈을 구체적으로 정했다. 그의 인생목표는 철도회사의 사장이었다. 이 목표를 위해 조나단은 열세 살 때부터 친구와 함께 도시로 얼음을 나르는 일을 했다. 18세 때는 아는 사람의 소개로 철도회사에 들어가서 야간열차의 하역작업을 하는 인부가 되었다. 매일 1달러를 벌었지만 모두 철도회사의 사장이 되기 위한 과정이라 생각하고 자신의 일에 최선을 다했다.

후에 조나단은 열차를 옮기는 운전사로 자리를 옮겼다. 그는 야근은 밥 먹듯이 하고 평소에도 12시까지 일했다. 일하면서 열차에 관련된 이윤과 지출, 화물과 승객의 데이터, 에너지 소모량과 운행 상황 등을 꼼꼼히 분석하고 연구했다. 이렇게 연구하고 분석한 결과 철도와 관련된 세부사항까지 모두 머릿속에 정리할 수 있었다. 그러나 그의 일은 임시직으로 철도 건설이 끝났을 때 일자리를 잃었다.

조나단은 회사의 관리자를 찾아가 말했다.

"저는 이 회사에 남아 계속해서 일을 하는 것이 소원입니다. 일할 수만 있다면 어떤 일도 하겠습니다."

그의 간곡한 부탁에 관리자는 그에게 화물칸을 청소하는 일을 맡겼다. 그는 이 일도 성실한 자세로 임했다. 어떤 일을 하든 조나단은 자신의 목표와 사명을 잊지 않았기 때문에 견딜 수 있었다. 그는 모든 과정을 철도회사 사장이 되기 위한 단련의 시간이라고 생각했고 철도 관련 일을 완벽하게 하기 위해서는 자질구레한 일까지도 경험해야 한다고 생각했다. 작은 일도 철도 관련 지식을 활용하여 남들보다 잘 처리했기 때문에 그의 능력이 주위에 알려졌고 철도회사 직원으로 정식 채용되었다. 많은 시간이 지난 후에 철도회사 사장으로 승진했다. 그는 사장이 되어서도 매일 뉴욕시민 100만명을 실어 나르는 운송에 대한 책임을 지기 위해 침식을 잊고 일했고 그 결과 어떠한 사고도 일어난 적이 없었다.

조나단은 어렸을 때부터 인생의 목표를 철도회사의 사장이라 정하고 자신의 꿈을 위해 착실하게 단계를 밟아 나갔다. 그가 했던 작업은 하역, 철도운전, 화물칸 청소 등등 하찮은 일들이었지만 항상 자신이 하는 일을 자신이 하려는 사업의 일부라 생각하고 임했다.

일을 직업이라 생각하는 직원은 자신에게 주어진 일만 하고 피동적이며 어떤 유혹에도 쉽게 무너진다. 반면 자신의 사업이라고 생각하는 직원은 사명감으로 일을 대하므로 일이 크든 작든 간에 완벽하게 완성하려 노력한다.

철강의 왕 카네기는 이렇게 말했다.

"어떤 일을 하든지 자신이 회사의 부속품이라 생각하지 말라. 자신을 회사의 사장이라 생각하라."

자신이 사장이라 생각하면 회사와 관련된 모든 일이 자신의 일처럼 느껴지기 시작한다.

한 대기업 직원은 다음과 같이 말한다.

"저는 우리 회사 제품에 관해 보고 듣는 모든 것을 그 자리에서 메모합니다. 친구들과의 모임에서도 그렇고 길을 가다 사람들이 말하는 것을 들어도 모두 적습니다. 회사에 몸담고 있는 한 사람으로서 우리 상품이 더 좋아지게 하는데 저도 책임이 있다고 생각합니다. 우리 직원들의 책임감이 우리 상품이 시장에 나가 더욱 경쟁력을 갖도록 하는 원동력이죠."

이러한 생각이 사무실의 필수품인 포스트잇을 탄생시키기도 했다.

3M의 한 직원인 아서 프라이는 성가대의 일원이었다. 찬양을 부를 페이지에 종이로 표시를 했는데 이것은 책에서 쉽게 빠져 버렸다. 그래서 그는 뒤에 접착성이 있는 종이 테이프가 있었으면 하는 생각을 하게 되었다. 이것은 종이에 오래 붙어 있을 수 있으면서 떼었을 때 흔적을 남기지 않는 것이어야 했다. 그는 여기서 힌트를 얻어 이 아이디어를 회사에 제안했다. 회사는 그의 제안을 받아들였고 연구를 거듭하여 아이디어가 제품화되어 시장에 출시되었다. 현재 포스트잇은 전세계 사무실의 필수품으로 3M은 이 제품으로 인해 2억 달러 이상을 벌어들였다. 포스트잇의 행진은 여전히 계속되고 있다.

일본의 산요전기를 두 형과 함께 창업한 이우에 가오루井植薰는 말했다.

"저는 직원들에게 8시간을 일하라고 요구합니다. 동시에 근무시간에만 일을 생각해도 괜찮다고 말합니다. 퇴근 후 회사 문을 나서면서 자신이 좋아하는 일을 하는 것은 상관없습니다. 그러나 만약 이런 생활에 만족한다면 나머지 16시간 동안은 다른 생각으로 가득 차게 되고 결국 일생동안 평범한 사원으로 살아가게 된다고 말해줍니다. 그것을 원치 않는다면 근무시간 이외에도 일을 생각하고 회사를 생각하라고 말합니다."

이우에 가오루의 말처럼 퇴근 시간 이후의 시간은 개인의 시간으로 어떤 일을 하든 그것은 개인의 자유다. 퇴근과 동시에 급한 일이 생겼을 때 "저의 8시간 근무 시간은 끝났습니다. 그럼 저는 바빠서 이만"이라고 말하는 것도 개인의 자유다. 그러나 이것은 자신은 회사의 중요한 구성원이 아니라는 표현이며 결과적으로 회사는 월급을 위해서 그리고 먹고 살기 위해서 다니는 곳이라는 뜻이다.

결국 평범한 사원으로 남느냐 우수한 사원이 되어 가장 연봉을 많이 받는 사원이 되느냐도 자신의 선택에 달려 있다.

02 _ 열정은 모든 것을 가능케 하는 신이다

카네기는 열정을 '내재된 신' 이라 불렀다.
열정은 내재된 잠재능력을 끌어내며 어떤 장애와 난관도 극복하도록 만들므로 불가능을 가능으로 바꿔 놓는다.
성공의 요소에는 여러 가지가 있지만 성공의 가장 큰 원천은 열정이다.
성공한 모든 사람들은 자신의 일에서 열정을 불태우는 사람들이다.

91세의 고령으로 4,955m의 후지산을 등반한 한 할머니가 있다. 이 산을 등반한 최고령으로 기록되었다. 그녀가 유명한 훌다 크룩스 부인으로 크룩스 할머니는 81세에서 90세까지 10년 동안 무려 97개의 봉우리를 올랐다. 70세에 등산을 시작하여 91세에 후지산을 등반하는 기적을 이루었다. 그녀가 최고령의 나이로 등반에 성공할 수 있었던 원동력은 무엇이었을까?

바로 삶에 대한 열정이다.

일류 광고를 만들겠다는 신념으로 며칠 밤을 꼬박 새워 아이디

part 3. 사장의 마인드로 일하면 성공이 보입니다

어를 짜내는 광고 디자이너와 카피라이터. 3년 동안 고객들의 짐을 나르면서도 언젠가는 호텔의 사장이 되겠다는 일념으로 자신의 일을 감사하게 생각하는 호텔 벨보이. 매번 거절을 당하면서도 포기하지 않고 하나라도 더 팔기 위해 뛰어다니는 영업사원. 부상에도 불구하고 결승전을 승리로 이끌기 위해 한쪽 눈을 붕대로 감고 경기가 끝날 때까지 경기장을 뛰어다니는 축구선수.

무엇이 이들을 이렇게 만드는 것일까?

그것은 자신의 일에 대한 열정 때문이다.

빌 게이츠는 말했다.

"매일 아침 깨어날 때마다 내가 하는 일과 개발한 기술이 인류에게 어떤 영향을 미치고 변화를 가져올까를 생각합니다. 그러면 흥분과 열정이 가득 차 오르는 것을 느낄 수 있습니다."

이러한 열정이 세계 최대의 회사를 이끌고 인류에게 신기술을 보급하도록 그를 끊임없이 일깨운다.

열정은 온몸의 세포를 하나하나 움직이게 하는 힘과 같다. 모든 위대한 업적을 이루는 과정에서 열정은 활력을 지니게 하는 원동력이다. 또한 어떠한 어려움이나 난관에 부딪혀도 뚫고 나갈 수 있는 용기를 샘솟게 한다.

통계에 따르면 현재 일본에는 1400개의 맥도날드 점포가 있으며 맥도날드는 년간 50억 달러의 매출을 올린다. 후지타 덴藤田田이라는 노인이 이 제국의 주인이자 명예 사장이다. 그는 1965년 와세

다대학 경제학과를 졸업하였다. 졸업 후에는 전자회사에서 일하다 1971년에 맥도날드로 자신의 사업을 시작했다. 맥도날드는 세계적인 패스트푸드 체인으로 체인점 개설권을 얻으려면 상당한 재력과 자격을 갖추고 있어야 했다. 맥도날드 본사는 체인을 개설하는 데 현금 75만 달러와 은행신용 조건을 요구했지만 후지타 덴은 졸업한 지 얼마 안 된데다 집안 사정도 넉넉지 못했으므로 자격 미달이었다. 그는 패스트푸드 체인이 일본에서 발전 가능성이 크다고 생각했으므로 어떤 대가를 치르더라도 맥도날드 사업을 추진하겠다는 일념으로 돈을 빌리러 이리저리 뛰어다녔다. 당시 그의 수중에는 5만 달러도 채 되지 않는 현금밖에 없었다.

그러나 현실은 그의 소망과는 달리 5개월이 지나도록 4만 달러도 빌리지 못했다. 일반 사람들이라면 자금의 벽 때문에 이쯤에서 포기했을 가능성이 크다. 그러나 그는 인생신조를 되새기며 주먹을 불끈 쥐었다.

'가난은 능력이 없는 것이고 무능은 의지가 없기 때문이다. 가장 쉬운 선택은 포기이며 가장 어려운 선택은 끝까지 해 보는 의지다.'

전쟁의 폐허에서 자라난 당시 일본 젊은이들의 심리는 복잡했다. 한편으로는 고통, 굴욕, 근심으로 가득 차 있었지만 동시에 근면과 성실로 조국을 단시간 내에 발전시키겠다는 굳센 의지로 똘똘 뭉쳐 있었다. 후지타 덴은 이 세대의 대표적인 인물이다.

비가 내리던 봄날 아침 그는 양복을 차려입고 스미토모 은행장의 사무실로 들어섰다. 그는 상대방에게 창업 계획을 설명하고 간절하게 도움을 청했다. 그의 말을 모두 듣고 나서 은행장은 이렇게 말했다.

"잘 생각해 보겠습니다. 돌아가셔서 기다려주세요."

후지타 덴은 이 말이 정중한 거절이라는 것을 알았기에 마음의 준비를 하고 다시 말했다.

"제가 가지고 있는 현금 5만 달러에 대한 내력을 들어주시겠습니까?"

은행장은 마지못해 허락했다.

"그것은 제가 6년 동안 매달 저축한 돈입니다. 월급을 받으면 그 중에 1/3을 꼬박꼬박 저축했습니다. 사고 싶은 것이 있어도 이를 악물고 참았고 중간중간 생각지 못한 사고가 생겨 돈이 급하게 필요해서 여유가 없으면 주위에서 돈을 빌려서라도 저축했습니다. 6년 동안 한 달도 거르지 않고 저축을 한다는 것이 쉽지 않았지만 대학 문을 나서면서 인생의 큰 뜻을 세웠기에 가능했습니다. 10년 내에 10만 달러를 저축해서 그 돈으로 내 사업을 시작해 성공하겠다고 제 자신과 약속했습니다. 지금 그 기회가 왔다고 생각하기 때문에 저는 사업을 시작해야만 합니다."

후지타 덴은 진심을 다해 자신의 의지를 전달했고 은행장은 그의 말에 점점 귀를 기울였다. 은행장은 후지타 덴에게 저축한 은행의 주소를 알려달라고 물은 후 "좋습니다. 제가 오후에 연락을 드리겠습니다"라고 말했다.

그가 돌아간 후 은행장은 알려준 은행으로 전화를 걸어 후지타 덴의 저축 상황을 물었다. 은행 직원은 "아, 후지타 덴씨요. 그는 제가 본 사람 중에 가장 의지가 강하고 예의바른 사람이에요. 6년 동안 매달 한 번도 빠지지 않고 저축을 해왔어요. 정말 그의 행동에 감탄했다니까요. 대단한 사람이라고 말씀드릴 수 있어요."

직원의 말을 듣고 은행장은 감동하여 후지타 덴에게 곧바로 연락했다.

"우리 스미토모 은행에서 후지타 덴씨가 맥도날드 사업을 할 수 있도록 조건 없이 지원하겠습니다."

은행장은 "제 나이가 이미 58세니까 2년 후에는 정년퇴직입니다. 비록 제 월급이 당신의 30배나 되지만 지금까지 당신이 저축한 만큼의 돈도 모으지 못했어요. 정말 부끄럽고 존경스럽습니다. 당신은 전도유망한 젊은이에요. 제가 보증하겠습니다. 열심히 한 번 해보세요"라고 말했다.

결국 일본에서 맥도날드 사업으로 승부를 걸어보겠다는 후지타 덴의 끈기와 열정은 모든 사람을 감동시켰고 그의 성공의 디딤돌이 되었다.

누구나 젊은 시절 후지타 덴처럼 성공을 꿈꾼다. 우리가 이 세상에 태어난 이유도 그럭저럭 되는 대로 살기 위해서가 아니라 인생가치를 실현하고 타고난 재능을 발휘하기 위해서다. 성공을 원하

part 3. 사장의 마인드로 일하면 성공이 보입니다

면서 자신의 일에 완전히 몰입하지 못한다면 성장과 발전의 기회를 얻을 수 없다. 그럼 어떤 일을 하든지 평범함에서 벗어날 수 없다.

중국 시인 대중마大仲馬의 글 짓는 속도는 사람들이 놀랄 정도로 빨랐다. 그는 68세까지 살았는데 만년에 지은 시 1200편은 역작으로 불린다. 하루는 친구들이 찾아와 함께 담소를 나누었다.

한 사람이 이렇게 물었다.

"하루종일 시를 짓느라 고민하면 그 다음 날은 정신이 있나?"

그가 대답했다.

"나는 고민하지 않네."

친구가 "어떻게 그럴 수가 있나?"라고 물었다.

"자네는 매화나무에서 어떻게 매실이 열리는지 아나? 나는 모른다네."

대중마는 시 짓는 일에 몰두하여 시작詩作이 하나의 즐거움이었으므로 전혀 수고스럽지 않았다. 이렇게 일에 몰두하면 즐거움을 발견하게 되고 평범한 일에서도 열정을 불태울 수 있다.

한 기업가는 열정에 대하여 다음과 같이 말했다.

"일에 열정을 쏟게 되면 설령 뛰어난 재능을 갖고 있지 않다 해도 크게 성공할 수 있습니다. 물질적으로는 물론이고 정신적으로도 말입니다."

유명한 생명보험 설계사 프랭크 베드카는 열정 때문에 기적을 창조할 수 있었다고 자서전에서 회고하고 있다.

'내가 프로야구계에 입문한 지 얼마 되지 않아 일생에서 가장 큰 충격을 받았다. 퇴출된 것이다. 동작에 힘이 없었기 때문에 팀의 사장이 찾아와 나가라고 했다. 그는 나에게 이렇게 꾸물대며 야구장에서 대충대충 20년을 보낼 생각이냐고 물었다. 그리고 이렇게 덧붙였다.

"자네가 여기를 떠나서 어디를 가든 무슨 일을 하든 열정을 쏟지 않으면 영원히 성공하지 못할걸세."

후에 뉴헤이븐팀에 들어갔을 때 이번 리그에서 가장 열정적인 선수가 되기로 마음먹었고 실제로 그렇게 행동했다. 경기 첫날 날아오는 공을 방망이로 있는 힘껏 날리자 상대팀의 수비 선수 위로 훌쩍 날아갔다. 나는 기분 좋게 3루까지 내달렸다. 3루의 수비 선수가 공을 놓치는 순간 나는 기회를 포착했고 도루에 성공했다. 당시 매우 더운 날씨였지만 나는 팀의 승리를 위해 달리고 또 달렸다.

이런 열정이 가져온 결과는 실로 놀라웠다. 나의 열정은 동료선수들의 사기를 높였고 나의 주급을 25달러에서 185달러로 올려놓았다. 장장 7배 이상 높아졌다. 그 후 2년 안에 주급은 처음보다 30배나 많아졌다. 열정 말고 무엇이 이런 결과를 가져올 수 있었겠는가.

후에 손목 부상을 입어 야구를 포기해야 했다. 프로야구계를 떠나 생명보험 설계사가 되었지만 1년 내내 실적이 전혀 없었다. 처음에는 괴롭고 실망스러웠지만 야구를 할 때의 열정을 다시 떠올렸다. 어느 날 상점에 들어가서 열정적으로 상점 주인에게 보험에 가입하라고 설득했다. 그 사람도 이처럼 열정적인 판매원을 본 적이 없었는지 열심히 듣더니 거절하지 않고 바로 보험에 가입했다. 12년 간의 판매활동 중에 많은 설계사들이 열정으로 자신의 수입을 두 배 세 배 늘려가는 것을 보았다. 마찬가지로 많은 사람들이 열정이 부족해서 아무 일도 이루지 못하는 것 역시 직접 눈으로 봤다.'

프랭크 베드카는 성공하게 된 이유를 자신의 재능보다 자신의 열정 때문이었다고 말한다. 열정을 가지고 일을 하면 우리의 전부를 일에 쏟게 된다. 열정은 자신에게는 동기를 부여하고 남들에게는 감동을 선사해 원하는 바를 이루도록 한다.

미국의 전 교육부장관이었던 유명한 교육학자 윌리엄 베넷의 경험담이다.

어느 맑은 오후에 5번가를 걷다가 갑자기 양말을 사고 싶은 마음에 양말가게로 들어가자, 17세 정도의 어린 점원이 반갑게 그를 맞이했다.

"무엇을 찾으세요, 손님?"

"양말 한 켤레를 사려고."

"혹시 세상에서 제일 좋은 양말가게에 오신 것을 알고 계세요?"

점원의 눈동자는 초롱초롱 빛났고 말투에는 열정이 묻어나왔다. 그리고 재빨리 판매대에서 상자 하나를 꺼냈고 안에 있던 양말을 모두 꺼내 펼쳐놓았다.

"잠깐만, 한 켤레만 사려고 하는데……."

"알고 있습니다. 이 양말들이 얼마나 멋진지 보여드릴려구요. 정말 예쁘죠?"

점원의 얼굴에는 엄숙하고도 성스러운 기쁨이 넘쳤다. 세상에서 제일 좋은 양말을 소개한다는 표정이었다. 점원의 태도는 윌리엄 베넷의 얼굴에 기분 좋은 미소를 짓게 만들었다.

"이보게, 매일같이 이런 열정을 가지고 살아간다면 자네는 10년도 되지 않아 미국에서 제일가는 양말 판매왕이 될 거라 확신하네. 사실 한 켤레를 사려고 했지만 자네를 보니 기분이 좋아져서 몇 켤레 더 사야겠네."

회사에 막 입사한 신입직원들은 업무경험이 부족하다고 생각하기 때문에 일찍 나오고 늦게 퇴근해 부족함을 메우려 노력한다. 새로운 업무를 맡으면 빨리 배워 잘하고 싶은 마음에 열정이 넘친다. 하지만 시간이 흐르면서 업무가 익숙해지고 새로운 것이 별로 없다고 생각되면 열정도 함께 식어가기 시작한다. 점점 일에는 싫증이 나고 무력해져서 어떤 방향으로 나아갈지 헤매게 된다. 또한 직장에서 수많은 좌절과 실망을 겪으며 점점 처음에 가졌던 열정을 잃어간다. 따라서 일에서 끊임없이 열정을 발견하고 깨우기 위해 다음과 같은 태도가 필요하다.

(1) 명확한 목표를 세운다.

우리는 목표가 명확한 일을 할 때는 흔들리지 않게 된다. 마음속에 명확한 목표가 있으면 자신을 수시로 일깨우고 방향감이 생기므로 목표를 위해 하나하나의 일이 어떤 의미를 갖는지 파악할 수 있고 열정적으로 끝까지 노력할 수 있게 된다.

(2) 편안한 마음으로 일을 즐겨라.

일이 끝나면 마음의 여유를 가질 시간을 마련한다. 이것은 일을 더 효율적으로 하기 위한 생산적인 휴식이다. 전화와 업무에 시달리다 보면 스트레스를 받고 머릿속이 복잡해진다. 이것이 쌓이면 기분이 우울해지고 부정적인 생각으로 가득 찬다. 스트레스를 풀고 활력을 유지할 수 있도록 마음의 여유를 가져야 지치지 않고 언제나 새로운 열정으로 일을 대할 수 있다.

(3) 절대 자만하지 말라.

일을 하면서 가장 주의할 점은 자만이다. 자만에 빠진 사람은 앞으로 전진하지 못하고 일에 대해 열정을 잃어버리기 쉽다. 당신이 이뤄놓은 업무 실적에 만족하고 미래 개척의 중요성을 간과한다면 현재 하는 일에 자연히 흥미를 잃는다. 예전의 모습을 한 단계 발전할 수 있는 원동력으로 삼아 도약하려고 할 때 열정은 다시 불타오른다.

열정은 밖이 아니라 우리의 마음속에서만 불타오를 수 있다. 그 열정이 꺼지지 않고 불타오를 수 있도록 자신을 관리하는 것도 중요하다. 열정과 자신감으로 가득 차면 넓디넓은 시장에서 당신의 입지는 확고해지고 작은 기적들이 하나 둘씩 이루어지는 날이 반드시 오게 된다.

03 _ 시작이 반이다. 행동이 일의 성과를 결정하는 시작점이다

미국 실용주의의 대표적인 인물인 프랭클린은 말했다.
"오늘을 알차게 보내는 것은 두 배의 내일이 생기는 것과 같다."
즉시 행동하지 않고 할 일을 미루면 계속해서 미루게 되고
이것이 하나의 습관으로 자리잡는다.
이런 사람들은 '지연-저효율+정서불안-지연'이라는 악순환에 빠진다.
이렇게 지연되다 보면 그 끝은 왜 하지 못했는지에 대한 변명으로
마무리를 짓는 결과를 가져온다. 악순환의 고리를 끊기 위해서는 계획한 즉시
바로 실행하라. 시작이 곧 계획의 반을 완성한 것과 같다는 사실을 명심하라.

100년 전 아프리카의 두 나라 사이에 전쟁이 일어났다. 한 나라의 국왕이 적국의 국왕이 마시는 물에 독을 타서 암살하려는 음모를 꾸몄다. 적국에서 파견한 스파이가 이 사실을 알게 되었다. 스파이는 곧 자기 나라의 국왕에게 서신을 띄웠다.

'전하, 주의하십시오. 물속에 독이 들어 있습니다. 내일 절대로 물을 마시지 마십시오.'

국왕이 이 서신을 받았다.

그러나 국왕은 오늘 해야 할 일을 내일로 미루는 나쁜 버릇이 있

었기 때문에 서신을 개봉하지 않고 대신들에게 말했다.

"오늘은 머리가 아파 쉬어야겠으니 받은 편지를 보관해 두었다가 내일 개봉해서 나에게 읽어 주시오."

다음 날이 되었을 때 국왕은 이 편지 내용을 들을 수 없었다. 이미 물을 마시고 죽었기 때문이다. 국왕은 미루는 습관 때문에 다음 날부터 세상의 태양을 볼 수 없었다.

만약 국왕이 바로 편지를 개봉했더라면 두 나라 사이의 전쟁의 결과도 국왕 자신의 삶의 결과도 달라졌을 것이다. 우리도 역시 생활에서든 일에서든 국왕과 같은 실수를 범한다.

새벽에 알람시계 소리를 들으며 몽롱한 상태로 잠에서 깨어난다. 마음속으로 '몇 시야, 빨리 일어나서 씻고 출근해야지.' 그러나 몸은 마음과 따로 논다. 눈이 스르르 감기고 따뜻한 이불 속으로 다시 눕는다. '늦게까지 일했더니 피곤하네. 오늘은 급하지 않으니까 조금만 더 자자.' 5분이 지나고 10분이 지나고 결국 늦잠을 자고 회사에 지각을 한다. 지각으로 눈치를 보고 있는데 상사가 부른다.

"오늘까지 보고서 제출하라고 했는데 다 됐으면 가져오도록. 사장님 앞에서 프리젠테이션해야 하니까 일찍 검토해 봐야겠어."

이때부터 구구절절한 변명은 시작된다.

"죄송하지만 시간을 조금만 더 주십쇼. 제가 일을 안 한 것이 아니라 어제까지 광고집행 보고서를 작성하느라 시간이 없었습니다. 부장님께서 시키신 일도 자료가 너무 없는 상태에서 일을 시작하려니 쉽지가 않습니다."

이때 날라 오는 것은 이해와 동정이 아니라 일을 제때 끝내지 못한 것에 대한 질책과 변명으로 일관하는 태도에 대한 비난뿐이다.

물론 일을 미루는 데는 여러 가지 이유가 있을 수 있다. '다른 일이 너무 많고 바빠서……', '이 일은 처음 하는 일이라 아직 숙달이 안돼서……', '일을 시키려면 제대로 시켜야지. 가이드라인도 안 주고 자료만 던져주면 어떻게 하라는 거야.'

그러나 이 모든 것은 상사가 듣기에 모두 변명에 불과하다. 우수한 사원은 결코 일을 미루지 않는다. 그들은 회사가 직책을 맡기는 것은 문제를 해결하고 완성기한 안에 맡은 바 책임을 다하라는 것이지 일을 미루고 끝내지 못한 것에 대한 변명을 하라는 것이 아니라는 것을 충분히 알고 있다.

빌 게이츠는 말했다.

"해야 할 일을 미루고 즉시 행동으로 옮기지 않는 사원들은 최고의 결과를 얻을 수 없습니다."

원하는 목표를 달성하기 위해서는 주저하고 미루는 습관을 버려야 한다. 일을 미루기 시작하면 계속 미루게 되고 마음은 편치 못한 채 머뭇머뭇하다가 완성기한 내에 끝내지 못한다.

왓슨이라는 성공한 사람이 있었다. 그는 행동이 빠르기로 소문이 난 사람이었는데 이 행동의 속도가 그가 성공할 수 있었던 비결이다. 그는 이렇게 말한다.

"남들이 일어나 아침을 먹는 때가 제게는 이미 하루 중 중요한 일들을 끝낸 시간입니다."

성공하기를 간절히 바라는 한 청년이 그에게 성공의 비결을 알려달라고 편지를 썼다. 그의 답신은 다음과 같았다.

'제때에 일을 끝마치지 못하는 습관을 버리세요. 해야 할 일은 그 자리에서 즉시 하고 일이 끝난 다음 쉬도록 하세요. 놀고 나서 일한다는 생각을 해서는 안 됩니다.'

그럭저럭 살다가 특별하게 이루는 것 없이 삶을 마감하는 많은 사람들은 처음의 중요한 1분을 장악하지 못하는 사람들이다. 망설이고 기다리는 몇 분 사이에 성공과 실패가 바뀌고 그 결과는 천지 차이가 된다.

괴테는 말했다.

"지금 바로 시작하라. 용감한 사람만이 재능, 능력, 매력을 부여받는다. 일단 시작하는 것이 중요하고 그 과정에서 당신은 점점 성숙해져 간다. 시작하면 오래지 않아 당신의 일은 순조롭게 완성된다."

많은 사람들이 하기 싫은 일을 해야 하는 순간이 오면 마음속으로 이런저런 핑계를 대며 차일피일 미룬다. 이것은 의지력이 부족하기 때문이다. 또한 문제가 생기면 맞서기보다 남의 책임으로 돌리고 그 상황에서 도망치려고 한다. 사원들이 자신의 일을 미루고 책임을 회피하는 것은 개인적으로 목표를 달성하지 못하는 것 이외에 회사에도 커다란 손실을 입힌다.

1995년 중국 호남에 있는 위엔다遠大 회사에서 공장으로 연료를 운송하던 차에서 기름이 새는 사고가 발생했다. 점심을 먹던 수백 명의 사원들이 길 위의 기름의 흔적을 목격했다. 그러나 이 회사의 사장이 이것을 보았을 때는 이미 불길이 높게 솟아오른 후였다. 사장은 전체회의를 열어 관리자들을 문책했다. 몇 명도 아니고 수백 명의 사원들이 길 위로 기름이 샌 것을 보았지만 아무도 청소할 생각도 하지 않았고 결국 사고로 연결되었다. 회사는 결과적으로 막대한 손실을 입었다.

만약 기름이 길 위로 새는 것을 본 순간 단 한 명만이라도 조치를 취했더라면 결과는 정반대로 달라질 수 있었다.

이렇게 미루는 것은 문제가 없어지거나 스스로 해결되도록 만들지 않는다. 오히려 문제를 악화시켜 커다란 손해로 연결된다. 따라서 일을 할 때 바로바로 처리하고 미루지 않는 습관은 자신과 회사를 위해서 매우 중요하다. 이런 습관은 시간관리를 잘하는 태도 중의 하나이며 성공한 모든 사람들은 성공적인 시간관리자들이다. 일을 할 때 우선 어떻게 행동할지 방향을 생각하고 다음으로 완성기한을 정한 다음 그 시간을 엄수하려고 노력해야 한다. 일을 미루지 않기 위해서는 철저한 계획이 우선되어야 한다. 철저한 계획은 일의 효율성을 높일 뿐 아니라 완성기한 내에 일을 마칠 수 있는 시간표와도 같다. 따라서 일에서의 성공 확률을 높여준다.

쉰더訊德자동차 회사의 사장인 짱총밍張崇銘은 30년의 자동차 판매 경력을 갖고 있다. 1949년 매월 6대 정도 밖에 팔지 못했지만 1971년에 이르렀을 때는 매월 무려 1000대를 판매했다. 후에는 매년 3000대 이상의 BMW, 롤스로이스 등의 고급수입차를 판매했다.

짱총밍의 화려한 판매 실적은 전적으로 그의 '판매 3단계 전략' 때문에 가능했다.

제1단계는 '정보수집'이다. 잠재 고객의 주소, 수입, 휴가, 기호, 출퇴근 시간, 경제권을 누가 쥐고 있나 등 최대한 상세한 정보를 모은다.

제2단계는 '고객 설득하기'다. 고객의 자동차에 대한 수요를 〈즉시구입〉, 〈반년 안에 구입〉, 〈1년 내에 계획적인 구입〉의 3가지 유형으로 분류한다. 고객의 수요 유형에 근거하여 판매 방식을 바꾼다. 그는 영업사원이 고객의 이익에 상당히 관심을 기울이고 있다는 것을 보여주는 것이 고객을 설득하는 가장 효과적인 방법이라고 강조한다.

제3단계는 '사후 서비스'다. 그의 실험 통계에 따르면 한 번 만족한 고객은 16명의 고객을 끌어온다고 한다. 고객이 사용해 보고 만족하면 그가 여기저기 소개를 하게 되고 이로 인해 16명에게 추가적인 판매가 가능하다고 말한다.

미국의 한 연구조사는 고객이 상품 또는 서비스에 만족하지 못하면 96%가 판매원에게 직접 하소연하지 않고 가까운 사람들에게 불만을 토로하게 되어 결국에는 시장에서 손해를 본다는 결과를 보여주었다.

따라서 짱총밍은 사후 서비스를 가장 중시한다. 새로운 차가 출시되면 3일 내에 회사에서 전문가를 보내 검사하고 2주 안에 전화로 이상이 없는지 조사하며 한 달 안에 무료 검사 서비스를 실시한다. 그의 3단계 전략은 시스템이자 행동전략으로 이런 치밀한 계획 때문에 남들이 부러워하는 성공이 가능했다.

이렇게 성공한 사람들은 자신의 일에서 치밀한 계획을 세우고 행동으로 실천한다.

〈영국 10대 부자의 성공비결〉이라는 책은 영국에서 가장 성공한 사람들을 분석했다. 책에서는 "만약 그들의 성공을 뛰어난 능력과 멀리 내다보는 안목에만 국한시킨다면 이것은 단편적인 시각이다. 그들의 진정한 재능은 시기와 상황을 판단하고 바로 행동으로 옮기는 속도에 있다. 이것이 그들이 최고가 되도록 만든 원동력이다. 어떤 일을 결정하면 바로 실천하는 것이 그들의 공통점이다"라고 성공비결을 꼽았다.

일에서 우리는 많은 난관과 문제들에 직면한다. 일단 문제에 부딪혔을 때 많은 생각들이 머릿속에 떠오른다. '실패하면 어쩌지' 또는 '경험이 없어서 나는 해결 못 할 거야'라는 생각들이 빠르게 지나간다. 그래서 가급적이면 골치 아픈 문제로부터 숨으려 노력한다. 그러나 이때 일체의 두려움과 의심을 버리고 바로 행동하면 동료들과의 경쟁에서 앞서가는 첫걸음이다. 즉시 시작하는 사람만이 순간적으로 지나가는 기회를 잡을 수 있고 자신의 계획을 실천할 수 있다. 자신의 계획을 행동으로 옮겨야 생각의 결과를 현실로 바꿔놓을 수 있다.

어려운 임무를 맡았거나 문제가 발생했을 때 팔을 걷어붙이고 일에 달려들지 않으면 이러한 문제는 점점 결심과 의지를 갉아먹고 최후에는 앉아서 아무것도 이룬 것이 없거나 또는 자신이 세운 계획의 성공을 눈앞에 두고 실패하는 결과를 가져온다.

유명한 미국의 시간효율 전문가 랑컨은 이렇게 말했다.

"우리가 하는 일 중에는 끝내지 못할 일도 없고 특별히 두려워할 만한 일도 없습니다. 따라서 일단 시작해서 그 일에 몰두하세요. 그것은 당신에게 기회를 제공하고 계속해서 행동할 수 있는 원동력이 됩니다. 이러한 시작이 결국에는 당신에게 성공을 가져다 줍니다."

무엇이든 시작해야 결과가 있고 행동했을 때만이 적극성을 보여줄 수 있으므로 성공으로 한 걸음 다가서게 된다. 반대로 행동하지 않고 미루는 것이 습관이 된 사람들에게서 보이는 일반적인 모습은 변명하기다. 변명은 사람을 소극적이고 의기소침하게 만든다. 만약 변명을 일삼는 습관이 생기면 어려움이 생겼을 때 적극적으로 극복할 문제 해결 방법을 찾지 않고 왜 못할 수밖에 없는지에 대한 이유만 찾는다.

명문대 신문방송학과를 졸업하고 일류 신문사에 취직한 한 청년이 있었다. 외모도 출중해서 처음 그를 보는 사람들은 모두 그에게 호감을 가졌다. 상사들도 학벌도 좋고 외모도 깔끔한 이 청년에게 처음에는 좋은 인상을 받았다. 그런데 이 청년에게는 한 가지 커다란 결점이 있었다. 어려운 일이 생기거나 자신이 일을 끝마치지 못하면 언제나 변명으로 일관하고 책임을 남에게 미루는 버릇이 있었다. 동료들도 처음에는 그의 겉모습만 보고 함께 취재가기를 즐겁게 생각했지만 실수가 많고 책임감이 없어 나중에는 같이 가기를 꺼려했다. 상사가 한 번은 이 때문에 그를 불러 주의를 주었다. 그때 이 청년의 대답은 이러했다.

"제 잘못이 아닙니다. 오기자가 알아서 한다고 했기 때문에 저는 옆에서 보조역할만 했습니다. 책임은 오기자가 져야죠."

하루는 취재기자들이 모두 취재를 나가고 사무실에는 이 청년만 남아 있었다. 그때 한 제보자가 신촌에 특종이 터졌다고 제보를 했다. 상사는 이 청년에게 빨리 신촌으로 가서 특종을 잡아오라고 지시했다. 3시간 후에 그가 돌아왔다. 상사가 취재는 어떻게 되었느냐고 물었다. 그는 눈치를 보며 말했다.

"차가 너무 심하게 막혔습니다. 도중에 접촉사고까지 나서 시간이 지체되는 바람에 사고 현장에 도착했을 때는 이미 사건은 종결되어 취재를 할 수 없었습니다. 그래서 다른 신문사 기자들에게 물어보았는데 들어보니 제가 판단하기로는 별로 뉴스거리도 아니라 생각해서 그냥 돌아왔습니다."

상사는 기가 막히고 화가 나서 말했다.

"자네, 기자가 맞나? 서울시에 그 시간에 차가 안 막히는 곳은 별로 없을걸세. 그럼 차를 버리고 지하철로 가든지 방법을 동원해야 될 것 아니야! 그리고 기자라면 취재가 급하니 융통성을 발휘해 빨리 현장으로 달려가야 하는 것 아닌가? 또 중요하고 아니고는 내가 판단하는 것이지 자네가 판단해서 아무 소득도 없이 온다는 게 말이 돼? 그럼 거기에 달려간 다른 신문사 기자들은 쓰레기 같은 기사를 취재하러 거기에 몰려들었나?"

젊은이는 얼굴이 빨개져서는 또 변명을 늘어놓았다.

"제가 사진기까지 들고 거기까지 가려니 지하철을 탈 수 없었습니다. 그리고 제가 교통순경을 설득해서 그 정도로 무마된 겁니다. 아니었으면 일이 복잡해졌을 겁니다. 또……"

상사가 말했다.

"그만! 자네는 앞으로도 책임을 추궁하면 이렇게 온갖 변명만 내 앞에서 늘어놓을 것이 뻔해. 내가 기자 생활을 20년 넘게 했지만 취재하다 보면 정말 별별 일이 다 생기지. 그때 온갖 방법을 동원하여 달려들지 않으면 끝까지 취재를 할 수 없을 때가 많아. 더구나 자네처럼 한다면 특종은 평생 잡을 수가 없어. 기자들이 한 개라도 더 기사거리를 잡기 위해 얼마나 노력하는지 자네도 동료들을 봐서 알 거라 생각하네. 여기 들어오고 싶어서 줄 선 사람은 많아. 그러니 변명은 그만해. 앞으로는 내근 일만 맡아서 하게."

이 청년은 이후 오래 버티지 못하고 직장을 그만두었다. 변명만 일삼는 태도 때문에 결과적으로 일을 잃게 되었다.

일본 마쓰시타松下 그룹의 사훈은 다음과 같다.

'만약 당신이 지혜를 가지고 있다면 지혜를 공헌하고, 당신에게 지혜가 없다면 땀을 공헌하며, 두 가지 모두 공헌하지 못하면 회사를 떠나시오.'

일류사원은 문제에 부딪히면 방법을 찾고 이류사원은 변명할 구실을 찾는다. 성공을 원한다면 자신의 잠재능력을 발휘하기 위해 핑계거리를 찾을 시간에 문제를 해결할 수 있는 방법을 모색해야 한다. 어려운 일일수록 지혜를 발휘하여 해결하면 우수함을 입증하게 되므로 평범함에서 탁월의 경지로 더 빠르게 도약할 수 있다.

04_ 직장에서 없어서는 안 될 인재가 되는 법

직장인들은 누구나 직장에서 높은 연봉을 받고
사장의 신임을 한 몸에 받는 사원이 되기를 원한다.
그럼 그렇게 되기 위해 가장 효과적인 방법은 무엇일까?
사원의 가치는 회사가 얼마만큼 그 사원에게 의존하느냐에 따라 결정된다.
따라서 회사에 없어서는 안 될 인재가 된다면 원하는 위치를 실현할 수 있다.
자신의 가치를 높이는 것이 직장에서 더 많은 기회를 얻을 수 있는
가장 효과적인 방법이다.

기업에는 각양각색의 사원들이 모여 있다. 그들은 각각 천차만별의 다른 능력과 다른 성격을 갖고 있지만 크게 세 가지 유형으로 분류할 수 있다.

1. 기계형 사원

시키는 일만 한다. 상사가 구체적으로 지시하는 일만 처리한다. 이런 사람들은 별 생각 없이 기계적으로 일할 뿐이다. 이런 사원들은 일의 순서를 하나하나 알려줘야 한다. 그렇지 않으면 일을 끝내

지 못한다.

2. 지식형 사원

이 유형의 사원은 자신의 전문지식과 전문기술을 일에 응용할 줄 안다. 따라서 자신의 분야에서 회사가 필요로 하는 부분을 충분히 보충해 준다. 또한 전문분야에서 합리적인 제안을 하고 계획을 수립하는 씽크탱크라 할 수 있다.

3. 창의형 사원

이 유형의 사원은 시스템적인 사고가 가능하다. 지식과 경험을 결합하여 일에서 발생하는 각종 문제를 지혜롭게 해결한다. 또한 응용력이 풍부하다. 머리를 쓸 줄 아는 사원이며 기업 발전에 필요한 인재다. 이런 사원들은 빠르게 변하는 시장 환경에 신속하게 적응하고 대처할 수 있으므로 회사의 발전에 버팀목이 된다.

21세기는 정보지식사회로 시장 환경은 빠르고 복잡다단하게 변화하고 있다. 시시각각으로 나타나는 문제들에 직면하여 융통성을 발휘하고 수풀에서 지름길을 잘 찾아내는 사람은 경쟁에서 선두에 선다. 따라서 기업들도 점점 창의형 사원들을 원한다.

한성과 민석은 슈퍼마켓에 함께 취직했다. 처음 들어가서는 둘 다 배달일부터 시작했다. 그러나 2년이 지났을 때 한성은 사장의 지시로 승진을 해서 구매부의 팀장이 되었다. 민석은 여전히 처음 하던 일 그대로 고된 노동을 했다. 민석은 더 이상 참을 수 없어 사표를 던지고 사장에게 따졌다.

"열심히 일한 저는 승진을 시켜주지 않고 왜 큰소리치고 아부하는 사람만 승진시켜 주는 겁니까?"

사장은 인내심을 갖고 민석이 말하는 얘기를 끝까지 들었다. 궂은일을 열심히 했기 때문에 민석을 어느 정도는 이해할 수 있었기 때문이다. 그러나 민석의 단점은 일을 하면서 전혀 머리를 쓸 줄 모른다는 점이다.

사장은 이 점을 일깨울 묘안을 생각해냈다.

"민석군, 시장에 가서 오늘 살 만한 물건이 뭐가 있나 보고 오게."

민석은 부리나케 시장으로 달려갔다. 시장에는 농부가 한 차 가득 감자를 팔고 있었다.

돌아와서 사장에게 감자를 팔고 있다고 말했다.

사장이 "그래 한 차에 대략 몇 자루인가?"라고 물었다.

민석은 다시 뛰어갔다가 돌아와서 "30자루 정도 됩니다"라고 대답했다.

"가격은?" 사장이 다시 물었다.

민석은 다시 시장으로 달려갔다. 사장은 숨차게 뛰어 오는 민석에게 잠시 쉬면서 한성이 어떻게 하는지 보라고 말했다.

한성을 불러 "팀장, 시장으로 가서 오늘 살 만한 물건이 뭐가 있는지 둘러보고 오게"라고 지시했다.

한성이 시장으로 갔다 급하게 돌아왔다.

"농부가 감자를 한 차 가득 팔고 있는데 대략 30자루 정도 됩니다. 가격은 보통이지만 품질이 매우 좋습니다"라고 보고하고 샘플을 사장에게 보여주었다. 한성은 "이 가격에 이 정도의 품질이라면 사장님께서 만족하실 것 같아 농부를 데려와 사무실 밖에서 기다리라고 했습니다"라고 말했다.

한성은 시키지 않은 일까지 처리할 수 있는 창의형 사원이고 민석은 시킨 것만 할 수 있는 기계형 사원이라고 말할 수 있다.

우리는 일을 하면서 수많은 문제들과 부딪힌다. 그럴 때마다 누군가는 그 문제를 해결해야 한다. 먼저 상황을 구체적으로 분석하고 어떻게 할지 방법을 생각해내고 가장 적당한 방법을 실행하여 문제를 해결하는 것이 창의형 사원이다. 한마디로 창의형 사원은 기업의 이익을 창출하고 경쟁에서 앞서갈 수 있도록 하는 견인차 역할을 한다. 그럼 문제에 부딪혔을 때 효과적으로 해결하는 창의형 사원이 되는 방법에는 무엇이 있을까?

(1) 급소를 찾아라.

난제를 만나면 먼저 급소를 찾아 거기에 맞는 방법으로 해결한다.

옛날에 예언이 매우 영험한 예언가가 있었는데 그 나라의 국왕이 불안을 느껴 그를 살해하기로 마음먹었다. 국왕은 주위에 병사들을 매복시키고 예언가를 궁으로 불러들였다. 그리고 병사들에게 자신이 신호를 보내면 뛰어나와 예언가를 죽이라고 명령했다. 예언가가 도착하고 신호를 보내기 전에 국왕은 예언가를 조롱하고자 한 가지 질문을 던졌다.

"당신은 점성술에 도통하여 다른 사람의 운명을 잘 맞춘다고 들었소. 그렇다면 당신의 운명도 잘 알겠구려. 그래 당신은 언제까지 살 수 있소?"

예언가가 대답했다.

"저는 폐하가 돌아가시기 3일 전에 죽을 운명입니다."

총명한 예언가는 이미 국왕의 의도를 간파하고 이렇게 대답했다. 국왕은 이 대답 때문에 예언가를 죽일 수가 없었다. 이것이 바로 예언가의 지략이었다.

(2) 결정권자를 설득하라.

전쟁을 할 때 고지를 점령하는 것은 승리를 위한 결정타다. 일을 할 때도 가장 큰 권력을 가진 결정권자를 설득하는 것이 중요하다. 설령 실무자가 결정을 해도 다시 결정권자의 결정이 필요할 때가 대부분이다. 이렇게 될 경우 시간도 길어지고 전달 과정에서 요점이 정확하게 전달되지 않아 실패할 수 있다. 따라서 결정권자를 설득하는 것이 일의 성공 확률을 높이기에 가장 효과적이다.

1970년대 일본의 소니 컬러TV가 미국에서 판매되기 시작했다. 그러나 일본에서 인기상품이던 이 제품이 미국시장에서는 고전을 면치 못했다.

이에 회사에서는 해외사업부 부장을 시카고에 파견하여 판로문제를 해결하고자 했다. 부장은 처음에 너무도 막막해 마땅한 해결방법을 찾지 못했다. 고민을 하다가 현지 최대의 전자제품 판매회사인 마셜회사를 찾아가 소니제품 판매를 부탁했다. 처음에는 반응이 없었지만 부장이 여러 차례 찾아와 부탁을 했고 제품의 디자인을 바꾸고 지명도를 높이고 사후 서비스를 개선하는 등의 노력을 보였으므로 결국 소니 제품을 판매하기로 결정했다. 이 결과 곧 100여 개의 상점에서 소니 제품 판매를 시작했고 미국 시장 진출이 성공적인 결실을 맺기 시작했다.

(3) 사람들에게 감동을 줄 방법을 찾아라.

사람의 감정은 오묘해서 마음을 움직일 방법을 찾으면 효과를 극대화할 수 있다.

손중산孫中山이 청나라를 전복시키고 민주정부를 세우기 위해 백방으로 뛰어다니며 호소했다. 해외에 있는 화교에서부터 혁명이 시작되었지만 그 영향력은 크지 않았다. 그러나 그의 심금을 울리는 문장이 판세를 바꿔 놓았다. 그는 많은 화교들에게 이렇게 말했다.

'남양南洋에서 화교들의 지위는 매우 낮습니다. 밤에 통행금지 이후에 화교를 발견하면 잡아들이지만 만약 다른 나라의 사람이라면 어떤 조치도 취하지 않습니다. 따라서 통행금지 시간 이후에 화교가 외출을 하려고 하면 다른 나라의 사람을 찾아서 함께 외출해야만 합니다.

이것이 무엇을 설명해 줍니까? 우리 화교는 마음대로 외출해서는 안 된다는 말입니까? 아닙니다. 우리 민족이 강하지 못하기 때문에 이런 일이 생긴다는 것을 말해주는 것입니다! 그렇다면 우리가 무엇을 해야 할까요? 민주주의 건설에 투신하여 새롭게 중화민국을 만들어야만 합니다!'

이 호소를 전해들은 해외 각계각층에서는 그의 혁명 사업을 적극적으로 지원하기 시작했다.

사람의 일에는 감동이 이성을 앞설 때가 많다.

(4) 여러 개 중 가장 좋은 방법을 선택하라.

문제의 해결 방법은 한 가지만 존재하는 것이 아니다. 시간이 허락한다면 여러 개 중에서 가장 적당한 한 가지를 선택하는 것이 효과적이다. 시행착오를 통해 더 좋은 방법을 찾아낼 수 있다.

한 호텔에 골치를 썩이는 문제가 있었다. 투숙한 손님들이 슬쩍슬쩍 물건을 훔쳐가 지배인이 이 때문에 골머리를 앓았지만 뾰족한 수가 없었다.

지배인은 할 수 없이 손님이 퇴실할 때 종업원을 불러 빨리 방에 가서 없어진 물건이 없나 확인한 후 손님에게 숙박비를 받았다. 그러나 확인이 끝날 때까지 기다리는 것이 불편하고 한편으로는 불쾌해했기 때문에 한번 이 호텔에 묵은 손님은 다시는 찾아오지 않았다.

지배인은 이것은 방법이 아니라고 생각해서 종업원들을 소집하여 손님들이 호텔의 물건을 훔쳐가지 못하도록 할 수 있는 좋은 방법을 생각해 보라고 했다. 한 종업원이 절도를 발견하면 물건값의 두 배를 물리는 벌금제도를 건의했다. 한 달 정도 시행해 보니 물건이 없어지는 상황은 줄었지만 이 때문에 손님의 수도 함께 줄었다. 많은 고객들이 부끄러운 상황을 당하는 것을 원치 않았기 때문이다.

다시 회의가 소집되었을 때 한 젊은 종업원이 말했다.

"고객들이 좋아하는데 왜 가져가지 못하게 하는 겁니까?"

그리고 이어서 말했다.

"손님들이 우리 물건을 좋아해서 가져가는 것이라면 모든 물건에 가격표를 붙여 놓죠. 많은 고객들이 돈을 주고 사고 싶지 않은 마음도 있지만 한편으로는 물건을 살 경로가 부족해서이기도 합니다. 처음부터 훔칠 마음이 있었던 것이 아니라 보니까 마음에 들어 가지고 가는 이유도 있을 것이라 생각합니다. 가격표를 붙여 놓으면 규정이라 생각하여 함부로 훔쳐가는 횟수도 줄고 기념품을 사서 집에 가져갈 수 있으므로 효과적이지 않을까요? 우리 호텔의 입장에서도 부가 수입이 생기므로 좋구요."

　모두 이 생각에 동의했고 당장 이 방법을 시행했다. 호텔에서는 객실의 모든 물건에 가격표를 붙이고 손님들이 입실할 때 마음에 드는 물건이 있으면 지불하고 살 수 있다고 설명해 주었다. 그리고 방 안에 보기 좋게 기념품으로 장식을 해 놓은 것이 고객들에게는 깊은 인상을 주었다. 이 호텔의 장사는 갈수록 호황이었고 어떤 고객들은 여행 전에 이 호텔을 숙소로 지정하라고 여행사에 요구했다. 이 호텔의 상품 가격도 적당하고 나가서 기념품을 사야 하는 불편을 덜어 주었으므로 고객들은 매우 만족했다.

　벌금제도, 객실검사 등의 방법도 고객들이 훔쳐가지 못하도록 하는 방법이었지만 가장 효과적인 방법은 물건에 가격표를 붙여 놓는 방법이었다. 또한 호텔에 부가적인 수입을 안겨주는 효과까지 가져왔다. 문제에 부딪혔을 때 숲을 보지 못하고 나무만 쳐다보면 많은 시간과 정력을 낭비해도 좋은 결실을 거두지 못한다. 이와 반대로 어떤 사람들은 쉽지 않은 문제를 만나도 빠른 시간 안에 문제의 요점을 파악하고 적당한 해결 방법을 찾아 순조롭게 문제를 해결한다.

　일과 생활에서 효과적인 방법으로 문제를 해결하여 성공을 얻고 싶다면 창의형 사원이 되어라. 바로 그것이 21세기의 핵심 경쟁력이다.

05_ 일에도 우선 순위가 있다

프랑스의 철학자 파스칼은 말했다.
"어떤 일이 제일 중요한지 아는 것이 사람들에게 가장 어렵다."
사람들은 일의 중요성보다는 먼저 손에 잡히는 일부터 시작하고
정작 중요한 일은 시간에 쫓겨 기한 내에 완성하지 못한다.
성공한 어느 직장인이 말했다.
"일을 시작하기 전에 하루의 계획을 짜보세요.
단지 20분을 활용하여 하루의 계획을 세우면 1시간을 절약할 수 있습니다."
계획을 세우는 것은 시간을 정복하는 가장 효과적인 방법이다.

- 사적인 전화

- 출근하자마자 아침 먹기

- 출근하자마자 개인 잡담하기

- 가십거리가 잔뜩 실린 잡지나 신문 보기

- 출근시간에 헛된 상상하기

- 중요하지 않거나 안 해도 되는 일에 시간과 정력 낭비하기

- 많은 친구들을 만나서 오랫동안 잡담하기

많은 직장인들이 이 목록을 보면서 공감을 가질지도 모르겠다. 사실 이것은 우리 직장인들의 일반적인 모습이다. 그런데 위의 목록은 포드 자동차의 창립자인 헨리 포드가 직장인들이 어떤 일로 시간을 낭비하는지 그 사례를 열거해 놓은 것들이다.

미래학자인 티머시 맥 '세계미래회의' 회장은 21세기는 돈보다 시간이 희귀한 자원이라고 말한다. 그리고 우리는 앞으로 시간 부족에 시달리게 된다고 미래를 예측했다. 요즘 시테크라는 말이 나오는 것도 이러한 맥락과 상통한다. 그만큼 시간의 가치는 갈수록 중요해지고 시간을 헛되이 낭비하지 않기 위해 철저한 관리가 필요하다. 또한 시간관리가 중요한 이유는 인생의 발전과 성공은 시간과 매우 밀접한 관계에 있기 때문이다. 같은 시간이 주어지고 같은 일이 주어져도 어떤 사람은 실패를 하고 어떤 사람은 성공을 한다. 그 이유에 대해 헨리 포드의 말은 설득력을 가진다.

"우리는 매일 중요치도 않은 일에 너무 많은 시간을 사용합니다. 만약 그것을 수치화하면 모두 놀랄 것입니다."

성공한 사람들은 평범한 일반인들과는 반대로 중요한 일에 가장 많은 시간을 투입하는 사람들이다. 그들은 일의 경輕, 중重, 완緩, 급急을 정확하게 알기 때문에 1년 또는 한 달, 하루의 계획을 짜기 전에 일의 경, 중, 완, 급에 따라 일의 순서를 정하고 시간을 분배한다. 그리고 중요한 일을 제일 먼저 시작한다. 바로 이런 기술이 주어진 같은 시간에 남들보다 더 많은 일을 할 수 있도록 만든다.

베들레헴 스틸 사장인 찰스 슈왑은 자신과 회사의 저효율성을 걱정했다. 그래서 효율성 전문가인 애비 리에게 도움을 요청했다. 그는 리에게 어떻게 하면 짧은 시간 내에 더욱 많은 일을 할 수 있는지 물었다.

애비 리는 "좋아요. 10분이면 최소 50%의 효율을 높일 수 있는 방법을 가르쳐 줄 수 있어요"라고 말했다.

"내일 해야 할 가장 중요한 일을 적고, 중요한 순위대로 차례로 나열합니다. 이 종이를 지금 주머니에 넣었다가 내일 제일 처음으로 해야 할 일은 먼저 이 종이를 꺼내 보는 것입니다. 그리고 제일 먼저 적은 일부터 시작하세요. 다른 것은 보지 말고 첫 번째 일만 보세요. 첫 번째 일이 끝나면 그 다음 일이 무엇인가 보고 그 일을 모두 끝내고 나서 다음 일이 무엇인지 보세요. 퇴근할 때까지 이렇게 하세요. 만약 당신이 처음에 적힌 일만 끝내도 상관없습니다. 당신은 가장 중요한 일을 처리한 것이니까요. 매일 그렇게 하시면 됩니다."

그리고 애비 리는 덧붙였다.

"이 방법을 당신이 원하는 기간만큼 시도해 보시고 적절하다고 생각되는 금액을 써서 수표를 보내주세요."

슈왑은 이 방법이 상당히 유용하다고 생각했고 얼마 지나지 않아 2만5천 불이 적힌 수표를 애비에게 보냈다. 슈왑은 애비가 조언해준 이 방법을 계속 사용했고, 5년 후 베들레헴 스틸은 사람들에게 생소한 작은 회사에서 외부지원이 필요 없는 최대의 강철 생산 기업이 되었다. 슈왑은 그의 성공은 애비가 알려준 방법 덕택이라고 말했고 이 방법으로 적어도 1억 달러 넘게 벌어들였다.

만약 일에서 탁월한 업적을 남기고 성공의 가도를 달리고 싶다면 자신이 하는 일에 경, 중, 완, 급을 매겨야 한다. 일에 우선 순위를 매기고 이것에 따라 시간을 합리적으로 배분하는 것은 일을 효율적으로 처리할 수 있는 좋은 방법이다. 이렇게 시간 활용을 잘하면 여분의 시간을 얻을 수 있다.

철학자 괴테는 "우리 모두에게는 충분한 시간이 주어지므로 우리는 잘 활용하기만 하면 된다. 만약 효과적으로 이용하지 못하면 시간의 노예가 되고 시간의 약자가 된다. 일단 시간 앞에서 약자가 되는 사람은 영원한 약자이다. 시간을 포기하는 사람은 그 또한 시간에게 버림을 받기 때문이다"라고 시간 활용을 강조했다. 그러나 실제로 대부분의 사람들은 일과 책임에서 어떻게 순위를 매기고 시간을 활용해야 할지 어려워한다.

시간을 활용하는 방법으로 다음 몇 가지를 추천한다.

(1) 한가한 시간을 한가하지 않게 바꿔라.

자신의 일에서 탁월한 사람들은 좋은 습관을 가지고 있다. '일하는 시간의 매초를 나누어 한가하지 않게 보내고 잠시도 편안함을 쫓지 않는다.'

제인은 각지에 있는 회사들의 컨설팅을 하기 위해 많은 강연을 다닌다. 그녀는 매년 평균 120건이 넘는 안건을 처리하며 대부분의 시간을 비행기에서 보낸다. 그녀는 고객과 좋은 관계를 유지하는 것이 매우 중요하다고 생각하므로 비행기에 있는 시간에는 고객들에게 편지를 쓴다. 그녀는 말하기를 "저는 이미 이런 생활이 습관이 되었어요. 이것이 뭐가 나쁜가요?"라고 말한다.

비행기에서 내려 짐을 기다릴 때 같은 비행기에 탔던 한 여행객이 그녀에게 다가와 말했다.

"비행기에서 당신이 거의 3시간 동안이나 쉬지 않고 편지 쓰는 것을 보았습니다. 당신은 높은 지위를 얻을 거예요."

제인은 웃으며 대답했다.

"감사합니다. 저는 이미 부사장입니다."

(2) 일을 경, 중, 완, 급輕重緩急의 단계로 나눠라.

당신이 일을 할 때 반드시 이 점을 기억해야 한다. '모든 일은 경중완급이 있기 때문에 가장 중요한 일을 우선적으로 해야 한다. 하지 말아야 할 것과 그다지 중요하지 않은 일은 똑같이 취급한다.'

인생의 목표를 이루지 못하는 대부분의 이유는 많은 시간을 중요하지 않은 일에 사용하기 때문이다. 따라서 자신이 중요하게 생각하는 일을 가장 우선적으로 한다. 우선 순위를 결정하면 일할 때 철저히 이 순서를 지킨다.

제1순위는 급하고 중요한 일이다. 빨리 끝내야 하는 일을 말한다.

제2순위는 중요하지만 급하지 않은 일. 비록 기한이 정해진 것은 아니지만 일찍 완성해서 일의 부담을 줄여주고 일의 성과를 쉽게 얻을 수 있는 일을 말한다.

제3순위는 급하지만 중요하지 않은 일.

제4순위는 급하지도 않고 중요하지도 않은 일. 자질구레한 일들을 말한다.

경중완급을 구분해서 우선 순위를 정하는 것은 시간관리의 핵심이다. 성공한 사람들은 이렇게 순서를 정하는 방법을 통해 시간에 대한 전면적인 계획을 세우고 시간을 생산적인 일에 가장 많이 활용한다.

(3) 일에서 우선 순위를 정하는 것을 생활화한다.

모든 일을 미리 준비하면 성공한다. 만약 일의 진도표를 정확하게 작성할 수 있다면 시간을 조정할 수 있으므로 완성기한 안에 완벽하게 일을 끝낼 수 있다. 심지어 검토할 수 있는 시간까지 벌 수 있다. 이것은 책임을 다하는 동시에 효율적이며 경제적이고 사무실의 분위기를 화기애애하게 만든다.

이렇게 하면 우리는 일과 생활에서 복잡하고 자질구레한 일들이 넘쳐나도 생산적인 일에 시간을 집중시킬 수 있으므로 오히려 여유롭게 일과 생활을 즐기면서 자신의 목표를 달성할 수 있다. 그럼 생산적인 일을 판단하는 기준에는 무엇이 있을까?

첫째는 '내가 해야 할 일이 무엇인가?' 자신에게 물어보라.

'반드시 해야 할 일인가?'와 '꼭 내가 해야 하는가?'라는 두 가지 측면에서 생각해 볼 필요가 있다. 해야 하지만 내가 하지 않아도 될 일이라면 다른 사람에게 맡기고 자신은 감독만 하면 된다.

둘째는 '나에게 돌아올 이익이 무엇인가?'를 판단하라.

80%의 시간을 가장 큰 결과를 얻을 수 있는 일에 사용하고 나머지 20%의 시간을 다른 일을 하는데 사용하라. '가장 큰 결과를 얻을 수 있는 일'은 '자신이 추구하는 목표'에 맞는 일이며 남들보다 더 잘할 수 있으므로 더 큰 효율을 얻을 수 있는 일이다. 가장 큰 결과를 얻을 수 있는 일이 곧 가장 생산적인 일이다.

셋째는 '어떤 일이 모두를 가장 만족시키는가?'를 생각하고 균형을 유지하라.

가장 큰 결과를 얻을 수 있는 일이 때로는 모두를 만족시킬 수 있는 것은 아니다. 주위 사람들과의 화합을 위해서 시간을 분배할 필요가 있다. 따라서 사람들을 만족시키고 즐겁게 할 수 있는 일에도 시간을 분배해야 한다. 이렇게 해야 주위의 협력을 얻어 더 빨리 일을 끝마칠 수 있다.

시간을 아끼고 생산적인 일에 사용하는 시테크와 일의 경중에 따라 순위를 매기고 중요한 일을 가장 먼저하는 효율적인 태도를 생활화한다면 성공은 당신에게서 그리 멀지 않은 곳에 다가와 있다 해도 틀린 말이 아니다.

06 _ 일의 완벽함에는
     끝이 존재하지 않는다

99%의 노력 + 1%의 실수 = 0%의 고객 만족이라 말할 수 있다.
고객서비스에 이런 공식이 있다.
'99%의 노력으로 고객의 만족을 얻었어도 단지 1%의 실수와 흠이 생기면
이 때문에 고객에게는 불만이 생기고 좋았던 이미지는 모두 무너진다.'
고객들은 99%의 좋은 점보다는 1%의 실수에 대해 더 관심을 갖고 오래 기억한다.
따라서 우리가 하는 모든 일은 크든 작든 완전무결함이 필요하다.

우리 주위에 소위 '완벽주의자'로 불리는 사람들이 있다. 이들의 공통점은 남들은 충분히 잘했다고 생각하지만 정작 자기 자신은 결과에 만족하지 못하고 항상 뭔가 부족하다고 생각한다. 그래서 끊임없이 자기 자신에게 요구조건의 기준을 높이고 노력을 게을리하지 않는다. 그들의 기준에는 언제나 한계가 없고 자신이 생각한 기준에 도달하면 또다시 더 높은 단계를 추구한다. 결국 이러한 노력이 탁월한 업적을 남기게 하는 원동력이 된다.

〈최후의 만찬〉, 〈모나리자〉와 같은 걸작을 남긴 다빈치는 평소

에 자신에게 가혹할 만큼 높은 기준을 세우고 그 기준에 도달하기 위해 열심히 노력했다. 〈모나리자〉를 그릴 때는 수백 명이 넘는 서로 다른 사람들의 미소를 연구했고 천장이 넘도록 사전에 연습했다. 한번은 매우 잘된 습작을 버리자 한 사람이 이해할 수 없어 물었다.

"이렇게 잘 그린 그림을 왜 버리십니까?"

다빈치가 대답했다.

"완전무결한 그림이 아닌 이상 저는 용서가 안 됩니다."

그는 자신의 그림이 완벽의 경지에 오르기를 바랐다. 이런 태도 때문에 그는 결국 자신이 원하는 바를 이루었고 그 그림은 지금까지도 세계적인 불후의 명작으로 꼽힌다.

일에서도 이런 완벽을 추구하는 태도는 매우 바람직하다. 기업에서는 0을 한 개 잘못 써도 큰 손실을 입을 수 있으며 1000개의 회사 제품 중에서 1개라도 불량이 나오면 전체 제품에 대한 이미지를 실추시킨다. 사원 각자의 입장에서는 99%까지 완벽하게 하고 나머지 1%의 세부사항을 소홀히 함으로써 인정받을 수 있는 기회를 놓치고 실패를 맛본다.

커피포트를 생산하는 회사가 있었다. 이 회사는 자사의 상품 합격률이 99%라는 것에 커다란 자부심을 가지고 있었다. 안전표준관리항목을 모두 통과하였고 누전 보호장치를 이중으로 달았으므로 소비자는 안심하고 사용해도 된다고 광고했다. 그러나 1% 때문에 커다란 사고가 발생했다. 한 소비자가 이 회사의 1% 불량제품을 구입한 것이 발단이 되었다. 소비자가 물을 올려놓고 오랫동안 목욕을 했고 자신이 물을 끓이고 있다는 사실을 잊어버렸다. 목욕하는 도중에 누전이 되었지만 구입한 커피포트가 불량품이었으므로 누전 보호장치가 작동하지 않았다. 소비자는 한참 후에 물을 끓이고 있다는 것을 기억했고 뛰쳐나와 커피포트를 끄기 위해 손을 대는 순간 전류에 감전되어 한쪽 팔을 쓸 수 없게 되었다. 원래 정상적인 제품이었다면 누전이 되는 즉시 누전 보호장치가 전원을 차단하여 사용자의 안전을 보호해야만 했다. 그러나 이 회사의 99%의 합격률도 1%의 불량품 때문에 소비자가 큰 상해를 입는 것을 막을 수 없었다. 결국 이 회사는 막대한 금액의 피해보상을 지불해야 했다.

만약 기업이 이 1%의 실수를 중요하게 생각하지 않는다면 소비자의 안전을 보장할 수 없으며 기업은 시장에서 살아남기 힘들다. 기업이든 개인이든 99%의 성공과 우수함에 만족하고 자만하면 더 이상 발전하지 못할뿐더러 더 높은 단계의 발전을 이룰 수도 없다. 더 큰 불행은 빠르게 변화하는 시장에서 도태된다는 점이다.

사실 결점이 0인 상태에 도달하는 것은 그리 어려운 일이 아니다. 모든 직원들이 자신의 일에서 세부사항까지도 숙지해 끝까지 책임을 다하고 일을 존중하는 마음으로 최선을 다한다면 고객의 만족은 물론 좋은 결실을 얻을 수 있다. 따라서 일에서 가장 높은 기준을 자신에게 적용하고 더욱 완벽해지기 위해 노력해야 한다. 다른 사람보다 더 완벽하고 더 빠르고 더 정확하게 업무를 처리하면 다른 사람들의 주목을 끌 수 있고 당신이 원하는 목표를 이룰 수 있다.

그러나 작은 실수를 무시하고 관심을 갖지 않고 고치지 않으면 실패와 정체는 당연한 일이다.

성공하는 사람들은 자신의 일에서 작은 실수도 용납하지 않는다. 스티븐은 20세 때 재봉학원을 수료하고 미국 캔자스주에서 의상실을 열었다. 그는 디자인도 잘했고 제시하는 가격도 다른 곳에 비해 저렴했으므로 개점한 지 얼마 안 되어 먼 곳까지 그에 대한 소문이 퍼져서 많은 사람들이 그를 찾아와 옷을 맞췄다. 하루는 아름다운 해리스 부인이 스티븐에게 드레스를 주문했다. 스티븐이 옷을 완성했을 때 소매가 원래 주문했던 치수보다 2cm 정도 긴 것을 발견했다. 그러나 해리스 부인이 파티에 입고 가기 위해 곧 찾으러 올 시간이었으므로 고칠 시간적 여유가 없었다. 이때 해리스 부인이 의상실로 옷을 찾기 위해 들어왔다. 그녀는 파티복이 잘 맞는지 확인하기 위해 옷을 입고 거울로 이리저리 비춰보았다. 그녀는 매우 흡족해하며 예쁘고 마음에 든다고 스티븐을 칭찬했다. 해리스 부인이 돈을 지불하고 드레스를 가져가려고 하자 스티븐이 돈을 받지 않았다. 해리스 부인이 놀라서 왜 그러느냐고 물었다. 스티븐은 "부인, 저는 돈을 받을 수 없습니다. 드레스의 소매가 2cm 정도 길게 만들어졌습니다. 정말 죄송합니다. 파티가 끝나고 시간을 주시면 소매를 줄여서 원래 치수에 맞춰놓겠습니다"라고 말했다.

스티븐의 얘기를 듣고 해리스 부인은 드레스가 매우 맘에 들기 때문에 소매가 약간 길어도 상관없다고 했지만 스티븐은 끝까지 돈 받는 것을 거절했다. 해리스 부인은 시간이 급해서 어쩔 수 없이 돌아갔다.

파티에 참석하는 길에 해리스 부인이 남편에게 말했다.

"스티븐은 앞으로 유명해질 거예요. 용감하게 자신의 실수를 인정하고 조금의 빈틈도 없이 일하는 태도에 정말 놀랬어요. 앞으로도 드레스는 스티븐에게만 맡기기로 결정했어요."

해리스 부인의 말은 현실이 되어 스티븐은 세계적으로 유명한 디자이너가 되었다.

작은 것 하나라도 소홀히 하지 않으려는 스티븐의 자세가 고객을 감동시켰고 세계적인 디자이너라는 성공을 가져다주었다.

우리는 흔히 일을 할 때 큰 착오는 착오라고 생각하지만 작은 실수와 착오는 중요하지 않고 일에 별 상관이 없다고 생각한다. 그러나 만약 작은 착오를 소홀히 하고 즉시 고치지 않으면 걷잡을 수 없는 심각한 문제를 일으킨다. 그때는 고치고 싶어도 고칠 수 없고 돌이킬 수 없는 상황에 이르게 된다. 또한 실패는 당연한 결과다.

미국의 달 탐험 로켓이 출발하여 달에 거의 근접했지만 착륙에 실패했다. 그리고 최종적으로 달 탐험에 실패했다. 과학자들이 그 원인을 조사했을 때 알고 보니 원인은 고작 30달러짜리의 전지 때문이었다. 로켓을 발사하기 전 기술자가 이것을 확인하지 않고 무시했기 때문에 생긴 결과였다. 결국 30달러짜리 전지 하나 때문에 몇십억 달러의 투자와 과학자들의 노력과 땀은 일순간에 수포로 돌아가고 말았다. 이렇게 아주 작은 실수가 전체를 망치는 것은 일을 하면서 흔히 볼 수 있다.

일에서 작은 문제나 결점이라도 발견하면 즉시 해결하고 고쳐야 한다. 그러나 많은 사람들이 그것을 발견하는 순간 '이거 괜히 말했다가 내가 온통 책임져야 하는 거 아냐? 말하면 더 골치 아프겠군. 가만히 있는 것이 상책이겠어'라고 생각하고 대충대충 일을 처리한다. 그러나 만약 그 실수가 실제로 사소한 것이고 발견 즉시 해결방법을 찾는다면 더 큰 문제로 발전하지 않기 때문에 크게 책임을 질 필요도 없다.

일에는 작은 일도 없으며 작은 실수도 없다는 것을 명심해야 한다. 1%의 착오가 100%의 실패를 가져오기 때문이다.

따라서 일의 세부사항은 일을 완성하는데 결정적인 역할을 한다. 우리는 사회에 발을 들여놓으면서 성공의 큰 꿈을 가슴에 품는다. 그리고 많은 사람들이 최종적으로는 자신의 사업을 꿈꾸거나 회사의 임원이 되길 원한다. 이러한 원대한 목표는 자신이 하고 있는 작은 일부터 완벽하게 해낼 때 실현될 수 있다. 작은 일을 완벽하게 하지 못하는 사람은 큰 일은 더욱 감당하지 못한다. 옛말에 '천리에 달하는 큰 제방도 개미구멍 하나 때문에 무너진다'고 했다. 세부사항들을 꼼꼼히 챙기지 않으면 어느 날 이것 때문에 일에서 큰 문제가 발생하게 된다. 반대로 세부사항까지도 용의주도하고 완벽하게 처리하면 일은 빈틈없어지고 좋은 결과가 생긴다. 이것은 직원들 하나하나의 당연한 본분이다. 사실 이것만으로 당신의 실력 전부를 발휘한 것은 아니다. 완벽에는 한계가 없기 때문이다.

자신의 현재에 안주하거나 만족하지 않고 끊임없이 더 완벽함을 추구하면 남들보다 먼저 탁월의 경지에 올라설 수 있게 된다.

스위스 수제시계 공장에 기술이 뛰어난 스승과 그의 제자가 있었다. 제자 역시 스승의 정통한 기술을 이어받아 기술이 출중했다. 한번은 스승이 제자에게 한 가지 과제를 주었다. 고객을 위해 회중시계를 제작하라고 하면서 자세한 디자인과 규격을 알려주었다. 제자는 스승이 지시한 것과 똑같이 만들어 스승에게 보여주었다. 그러나 스승은 제자에게 어떠한 칭찬의 말도 하지 않았다. 제자는 자신이 만든 시계가 맘에 들지 않는지 궁금하여 스승에게 어떠냐고 물었다. 스승은 제자를 훈계하듯이 말했다.

"너는 비록 내가 요구한 그대로 시계를 만들었지만 이것은 단지 일에서 성실하다고 할 수 있을 뿐이다. 정말 장인의 경지에 오르고 싶다면 내가 요구한 100%에 너의 개성을 더해야 한다. 그래야 완벽의 경지에 오를 수 있다."

끊임없이 다른 사람들을 앞서려고 노력하는 사람은 계속해서 성공을 유지할 수 있다.

노력을 멈추면 발전도 멈춘다. 경쟁이 치열한 시대에 발전을 멈추는 것은 곧 퇴보를 의미하기 때문에 영원히 성공과 우수함에 도달할 수 없다. 성공에 다다랐을 때 그는 자기 만족에 빠져 후퇴하기 시작한다.

그럼 어떻게 이것을 극복하고 완벽한 경지에 도달할 수 있을까? 답은 한계가 없는 노력과 끊임없이 남들을 추월하고자 하는 태도를 갖추고 있어야 한다.

완벽함의 기준은 끝없는 노력의 과정이다. 많은 사람들이 완벽함에는 끝이 없다는 말을 이해하지 못한다. 그들은 일에서 회사가 요구하는 기준까지 하면 일의 100%를 완성했으므로 완벽에 이르렀다고 착각한다. 완벽은 최종의 결과가 아니라 과정이다. 완벽을 추구하는 사람들은 자신이 언제나 불만족스런 상태에 있다고 생각하므로 남들이 요구하는 기준에 도달했어도 이것은 아직 부족하다고 판단해 더 노력한다. 이렇게 노력함으로써 한 단계 더 발전하는 기회를 얻는다. 그러나 자만하거나 회사가 요구하는 조건에 따라 100% 완성했다고 생각하는 사람들은 그 자리에서 멈추게 되므로 발전도 없고 더 큰 성공의 기회도 없다.

탁월한 사원들의 태도는 시종일관 노력하고 실적의 목표를 높이며 더 잘하기 위해 끝까지 최선을 다한다. 자신의 분야에서 끊임없이 학습하고 새로운 경험에서 새로운 지식을 얻고 이것을 체득하여 자신의 일에 응용한다.

끊임없이 노력하지 않는 한 완벽함도 없다. 자신의 분야에서 찬란한 업적을 남긴 사람들의 성공은 노력의 과정에서 얻은 결과일 뿐이다. 100%에 단지 1%라도 더하려 노력하라. 이것이 치열한 경쟁에서 선두의 자리를 언제나 지킬 수 있는 길이다.

07_ 직원들의 창조적인 아이디어가 살아 움직이는 회사를 만든다

창조는 항상 당신을 꿈꾸게 하고 자신이 남과 다르기를 갈망하게 만들며
새로운 세상을 맛보도록 활력을 불어 넣는다.
따라서 세상을 더 아름답고 더 효과적이며 더 편리하도록 변화시키는 원동력이다.
직원들의 창조적인 아이디어는
회사 미래의 생존과 발전을 보장하는 활력소와도 같다.

우리는 새로운 아이디어, 새로운 발명, 또는 새로운 관리체계 때문에 위험에 처한 기업이 구사일생으로 살아나는 사례를 수없이 본다. 적자생존의 법칙이 적용되는 냉혹한 시장에서 기업의 장기적인 발전을 유지하고 규모를 점차로 키우는 것은 절대 쉽지 않다. 그러나 이때 언제나 전환점을 마련하는 것은 직원들의 창의적인 사고다.

1956년 포드 자동차 회사는 신형 자동차를 선보였다. 디자인과 기능 모두 뛰어나고 가격도 비싸지 않았지만 판매량은 회사의 기대치를 훨씬 밑돌았다. 회사의 판매부서는 좌불안석이었고 판매의 활

로를 찾기 위해 모든 사원들이 고심에 고심을 거듭하였다. 이때 포드사에 대학을 막 졸업하고 입사한 신입직원이 이 문제에 깊은 관심을 가졌다. 그가 바로 유명한 경영인 아이오코카다. 당시 아이오코카는 포드사에 기술직으로 입사했기 때문에 판매와는 전혀 관계가 없었다. 그러나 사장조차도 신형 자동차의 판매에 전전긍긍하는 모습을 보고 아이아코카는 이 문제에 집중했고 끝내 방법을 찾아냈다. 그는 사장실로 달려가 자신의 아이디어를 제안했다.

"우리 회사가 신문에 이렇게 광고를 내면 어떨까요? 56달러로 56년형 포드를 구입하실 수 있습니다. 이렇게 말입니다."

그 내용은 구체적으로 이렇다. '1956년에 생산된 포드 자동차를 사고 싶다면 20%의 선금을 지불하고 나머지는 매달 56달러씩 나누어 지불하시면 됩니다.'

그의 아이디어는 그 자리에서 채택되었다.

'56달러로 56년형 포드자동차를 구입하실 수 있습니다.'

이 광고는 대히트를 쳤다. 광고를 보는 누구나 56달러씩만 내면 자신도 충분히 포드 자동차를 살 수 있다고 생각했기 때문에 자동차 가격이 부담 없다고 느꼈다. 이 한 줄의 광고는 기적을 만들었다. 3개월 만에 이 자동차의 판매량이 자동차 브랜드 중에서 선두를 달리기 시작했다.

포드사는 이 청년에게 주목하기 시작했고 인사부에서는 그를 워싱턴으로 파견하여 워싱턴 지사장의 자리를 맡겼다.

많은 사람들이 창조는 매우 어려운 것이기 때문에 똑똑한 사람이나 천재들의 전유물이라고 생각한다.

그러나 아인슈타인은 일찍이 말했다.

"인간은 대뇌에 의존해 문제를 해결한다. 창조는 결코 신비하고 예측이 불가능하며 도달할 수 없는 경지가 아니다. 훈련을 통해 창조하는 능력을 충분히 기를 수 있다."

미국의 심리학자 듀세이는 연구를 통해 창조력은 기를 수 있는 능력이라는 것을 증명했다. 그는 세계적으로 성공한 기업을 상대로 장기간의 연구를 진행하여 사원들의 창조성은 사원들에게 성공할 수 있다는 자신감을 심어주고 기회를 제공하면 충분히 발휘될 수 있다는 결과를 얻었다.

창조성은 모든 사람들이 가지고 있는 자연적이며 내재된 잠재능력이다. 창조의 능력은 다른 능력처럼 교육과 훈련을 통해 끌어낼 수 있으며 실천을 통해 발전한다. 모든 사람들이 개발할 수 있는 자산이며 아무리 써도 고갈되지 않는 최고의 에너지원이다.

직장에서 많은 직원들, 특히 오래 일한 직원일수록 사고를 바꾸기를 원하지 않고 새로운 아이디어가 생겨도 실패할까 두려워 실천하지 않는다.

헨리 포드는 말했다.

"많은 사람들이 기업과 함께 사회에서 도태되는 것은 이미 낡은 규범에 따라 일을 처리하고 새로운 변화를 수용하지 않기 때문입니다."

 우수한 사원일수록 문제에 부딪혔을 때 기존의 규범, 관습과는 다르게 사고하고 그것을 통해 방법을 찾아 문제를 해결하기 때문에 회사 발전에 중추적인 역할을 한다.

 한 제과점의 여사장은 회사를 살린 직원 얘기를 자랑스럽게 말한다.

 "저는 행운아예요. 우리 제과점에는 아이디어가 넘치는 직원이 하나 있습니다. 만약 그녀가 없었다면 그리고 그녀의 아이디어가 없었다면 우리 제과점은 일찍이 문을 닫았을 겁니다."

 여사장이 처음 제과점을 열었을 때 제과점을 매우 후미진 골목에 얻는 바람에 손님이 거의 없었다. 반 년도 지나지 않아 적자가 너무 커져서 여사장은 제과점을 닫으려 했다. 이때 판매 여직원이 제안을 하나했다.

 "사장님 이전에 어떤 여자 손님에게 생일 케이크를 판매한 적이 있었어요. 그 케이크는 남자친구에게 줄 생일 케이크였어요. 여자 손님에게 케이크 위에 뭐라고 쓰고 싶으냐고 물었더니 한참을 생각한 뒤에 수줍어하면서 이렇게 말하더라고요. '자기야. 사랑해!'"

 직원은 애정을 담은 말을 쓰고 싶지만 다른 사람이 알면 부끄러운 여자 손님의 마음을 충분히 이해할 수 있었다. 이런 마음을 가진 손님이 이 한 사람뿐만이 아니라 많을 것이라 생각했다. 이에 직원은 생일 케이크에는 천편일률적으로 '생일 축하합니다' 내지 '행복하세요' 등의 상용적인 문구만 있을 뿐 왜 다른 문구는 시도하지 않을까라는 생각을 하게 되었다.

그래서 그녀는 여사장에게 건의를 했다.

"제빵사가 사용하는 케이크 위에 글씨를 쓰는 도구를 더 들여놓으면 어떨까요? 손님이 케이크를 사러오면 그것을 하나씩 사은품으로 증정하는 거예요. 그럼 손님은 자신이 쓰고 싶은 말을 케이크 위에 직접 쓸 수 있으니 은밀한 말도 남에게 들킬 염려가 없잖아요."

여주인은 이 말을 듣자마자 직원의 제안을 받아들였고 광고 전단지에도 사은품 행사 내용을 적어 주위에 배포했다. 그런데 놀랍게도 광고가 나가고 그 다음 주부터 고객이 평소의 두 배로 늘어났다. 고객들은 케이크 위에 메시지를 쓸 수 있는 연필을 얻으려 몰려들었다.

여사장은 "그때 이후로 우리 제과점에 기적이 일어난 것만 같았어요. 저는 문을 닫으려고 마음의 준비를 하고 있었는데 오히려 지금은 하루 종일 바빠서 정말 정신이 하나도 없을 정도예요. 그 직원은 지금 저의 오른팔입니다. 신기하게도 그녀에게서는 좋은 아이디어가 끊임없이 나오기 때문에 우리 제과점은 그녀 없이는 유지가 안 될 정도예요"라고 말했다.

모든 성공의 뒤에는 항상 이렇게 새로운 발상과 창조성이 뒷받침된다.

따라서 당신이 이런 창의적인 생각을 가지고 있으면 회사의 발전에 부합되기 때문에 회사의 신임을 받게 되고 회사는 당신의 창의적인 아이디어를 실행할 수 있도록 적극적으로 지원한다.

창조는 당신 머릿속에서 싹트는 씨앗과도 같아서 이 씨앗은 적당한 토양을 만나면 빠르게 자라 고목이 된다. 만약 성공을 원한다면 어떤 일이든 다른 사람이 그렇게 한다고 자신도 똑같이 따라할 필요가 전혀 없다. 또한 예전에 그렇게 했다고 해서 지금 똑같이 해야 할 필요도 없다. 생각을 바꾸고 방법을 바꾸면 어떤 어려운 문제도 해결가능하며 이전보다 더 좋은 결과를 얻을 수 있는 경우가 많다. 그리고 이것이 성공을 위한 기회가 된다.

카터호텔은 미국 캘리포니아의 샌디아고에 있는 오래된 호텔이다. 원래 있던 엘리베이터는 낡고 좁아서 여행객이 많아지자 고객들을 감당하기 힘들었다. 호텔 주인은 새로운 엘리베이터를 설치하기로 결정하고 일류 건축사와 기술자를 불러 어떻게 설치할 것인지를 의논했다.

건축사와 기술자 모두 경험이 풍부한 베테랑들로서 그들의 결론은 새로운 엘리베이터로 바꾸어야 한다는 것이었다. 그러나 커다란 문제가 하나 생겼다. 새로운 엘리베이터를 설치하기 위해서는 호텔은 반 년 동안 영업을 쉬어야만 했다.

사장은 "문을 닫는 것 이외에는 방법이 없습니까?"라고 걱정스럽게 물었다.

"저희도 압니다. 호텔에는 큰 영업손실이라는 것을요. 그러나 다른 방법은 없습니다"라고 건축사와 기술자가 단호하게 말했다.

이때 호텔을 청소하던 청소부가 옆에서 이 말을 듣고 작업을 멈추고 일어났다. 그는 얼굴에 근심이 가득한 사장과 자신 있게 말하는 두 전문가를 번갈아 쳐다보다가 입을 열었다.

"저는 생각이 달라요. 저라면 어떻게 엘리베이터를 설치할지 아세요?"

기술자가 흘끗 쳐다보며 무시하듯 말했다.

"당신이라면 어떻게 할 건데요?"

"저라면 외부에 엘리베이터를 설치하겠어요."

"응. 좋은 방법이네요."

기술자와 건축사는 깜짝 놀라 잠시 말을 잇지 못했다.

이 호텔은 그 즉시 새로운 엘리베이터를 설치했다. 이것은 건축 사상 최초로 외부에 엘리베이터를 설치한 사례다.

전통의 관념과 관습은 선대의 경험과 지혜가 쌓여 만들어졌기 때문에 후대 사람들이 계승하고 귀감으로 삼을 가치가 있다. 그러나 우리의 창의적인 사고를 가로막는 걸림돌이 되기도 한다. 따라서 현대와 같이 빠르게 변화하는 사회에서는 남과 다른 생각과 아이디어로 가득 찬 사원들이 기업에서 환영받는다. 그들이 회사를 빠르게 성장하도록 돕는 중추역할을 하기 때문이다.

미국의 강철대왕 카네기는 어렸을 때 집이 매우 가난했다. 하루는 학교가 끝나서 집으로 오는 길에 공사현장을 지나면서 화려하게 차려 입은 사장처럼 보이는 사람이 노동자들을 지휘하는 것을 보았다.

"무엇을 짓는 건가요?"라고 사장처럼 보이는 사람에게 걸어가 물었다.

"우리 백화점과 다른 회사가 사용할 빌딩을 짓고 있단다"라고 그 사람이 대답했다.

"어떻게 하면 제가 커서 선생님처럼 될 수 있나요?"라고 카네기가 부러운 어조로 물었다.

"첫째는 열심히 노력하고……"

"그것은 선생님께서 항상 하시는 말씀이라 이미 알고 있습니다. 둘째는요?"

"빨간색 옷을 입어라!"

카네기의 얼굴이 호기심으로 가득했다.

"그것과 성공이 무슨 관계가 있나요?"

"있지!" 앞에 있는 노동자들을 가리키며 말했다. "저기 보이는 사람들은 모두 내 직원들이다. 그들은 모두 파란색 옷을 입고 있지. 그래서 누가 누군지 구별을 할 수가 없어."

그는 또 다른 한 사람을 가리켰다.

"그러나 저기 붉은색 셔츠를 입은 사람은 다른 사람들과 다르기 때문에 그를 금방 알아볼 수 있어. 만약 네가 다른 사람과 똑같다면 다른 사람들보다 더 많은 기회를 얻을 수 있겠니? 며칠 후에 그에게 내 조수를 하라고 말할 생각이다."

'다른 사람과 같지 않으려 노력하면 더 많은 기회를 얻을 수 있다.'

이 말은 카네기에게 깊은 인상을 남겼다. 카네기는 이 말을 가슴속에 새기고 항상 자신의 행동 규칙으로 삼았다.

남들이 모두 NO라고 답할 때 남들과 다르게 YES라고 생각해 보라. 그리고 YES가 되어야 하는 이유를 찾아라. 그러면 그 순간부터 새로운 시각으로 사물을 바라보게 되고 새로운 결과들이 보이므로 남들과는 다른 새로운 기회들과 만날 수 있다.

part 04

조직에서 슬기롭게 살아남는 법

01_ 충성은 직장에서의 생존방식이다

우리는 흔히 충성이란 무조건 복종하고 잘못이라고 생각해도 참고 얘기하지 않으며 상사의 비위를 맞추어주는 것이라 착각한다.
그러나 한 사장의 말은 충성의 개념을 정확하게 표현하고 있다.
"제가 우리 직원들의 승진을 결정할 때 가장 먼저 고려하는 점이 회사에 대한 충성심입니다. 충성은 사장이나 상사에게 거짓으로 아부하는 것이 아니라 회사 전체의 이익을 위해 자신이 올바르다고 생각하는 의견을 솔직하게 말하는 것입니다. 이런 사원들이 진정으로 회사에 충성심을 갖고 있다고 말할 수 있습니다. 이런 사람들은 일단 결정이 나면 마치 자신이 결정한 것처럼 결정에 따라 철저하게 행동으로 옮깁니다."

두 명의 사원이 있다. 한 명은 능력이 뛰어나고 맡은 일의 결과도 출중하지만 한 가지 결점이 있다. 충성심이 많이 부족하다. 또 한 명은 능력은 그저 그렇고 특별히 잘하는 것이 없지만 사장과 회사에 대한 충성심이 매우 높다.

만약 당신이 사장이라면 누구를 승진시키겠는가?

물론 대답은 제각각일 것이다. 그러나 직장에서 많은 사장들은 실제로 능력은 조금 떨어져도 충성심을 보이는 직원을 선호한다. 직원을 뽑을 때도 이 사람이 얼마나 우리 회사에 충성할 수 있는지

part 4.
조직에서 슬기롭게 살아남는 법

165

인성人性을 유심히 살펴본다. 이런 사람들은 일을 할 때도 동료들과 화합이 잘 되므로 조직에 적응을 잘한다.

물론 가장 보배로운 직원은 능력도 있고 충성심도 강한 직원이다. 이런 직원을 얻는 회사는 천군만마를 얻는 것과도 같다. 직원의 입장에서는 충성심으로 인해 더 많은 성공의 기회를 얻게 된다.

김우진은 자동차 제조 공장의 기술자다. 공장이 확장을 하면서 외국에서 관련 인사를 스카웃하여 김우진 부서의 책임자로 임명하였다. 새로 온 상사는 바른 말을 잘하는 김우진을 좋아하지 않아서 둘 사이에 갈등의 골이 깊어졌다. 김우진은 이곳이 자신에게 맞지 않는다고 느껴졌으므로 다른 회사를 알아보게 되었다. 김우진은 설계 실력이 뛰어났기 때문에 평소에 그를 탐내는 회사가 동종업계에 많았다. 그가 회사를 알아본다는 소문이 퍼져서 많은 회사들이 좋은 조건을 제시하며 자신의 회사로 오라고 제안했다.

김우진은 여러 가지를 고려하여 대기업을 선택하고 면접을 보러 갔다.

이때 그의 면접을 담당한 사람은 기술부문의 부사장이었다. 부사장의 질문은 이러했다.

"우리 회사에 지원해주셔서 매우 기쁩니다. 김우진씨에 대한 평가는 다른 곳에서도 몇 번 들은 적이 있습니다. 실력이 아주 뛰어나다고 소문이 자자하던데요. 당신이 다니던 회사가 신기술을 연구하고 있다고 들었는데 그 프로젝트에 참여하여 기술연구를 맡았었죠.

우리 회사도 현재 그 기술을 연구하고 있으니 당신 회사가 연구하던 프로젝트의 연구진행 상황과 현재까지의 성과를 저에게 말씀해 주시겠습니까? 이것이 우리 회사에 어떤 의미가 있는지 알 것이라고 생각합니다."

김우진은 내심 불쾌했지만 공손하게 대답했다.

"부사장님의 의도는 충분히 이해했습니다. 죄송하지만 저는 그 문제에 어떤 답도 드릴 수가 없습니다. 제가 비록 회사를 떠났어도 신의를 지킬 의무는 아직도 남아 있다고 생각합니다. 저에게는 충성을 지키는 것이 일을 얻는 것보다 더 중요합니다."

부사장은 매우 아쉽다는 표정을 지었고 김우진은 인사를 하고 면접실을 나왔다.

사실 보통 사람이었다면 이 대기업의 여러 가지 조건들이 다니던 회사보다 좋았기 때문에 어떻게 해서라도 일을 얻으려고 애썼을 것임에 틀림없다. 그리고 실제로 모두들 이 대기업에 들어오고 싶어한다. 그러나 김우진은 신의를 지키기 위해 절호의 기회를 내팽개쳤다.

김우진이 다른 회사를 알아보려 할 때 한 통의 편지를 받았다. 면접을 담당했던 부사장이 보낸 편지였다.

'김우진씨, 우리 회사에 채용되었음을 알려드립니다. 그리고 저의 직속 조수이자 수석 연구원으로 임명되었습니다. 제가 당신을 선택한 이유는 능력 때문이기도 하지만 충성심에 반했기 때문입니다.'

당신이 충성심으로 회사를 대하면 다른 사람들은 당신을 존경으로 대한다. 회사는 당신에게 능력을 발휘할 수 있는 무대를 제공하므로 직원으로서 당신은 회사에 충성해야 한다. 사장은 당신에게 일할 기회를 주고 월급을 제공하므로 사장의 부하로서 사장에게 충성해야 한다. 동료들은 당신에게 지지와 도움을 제공하므로 조직의 구성원으로서 동료들에게 충성해야 한다. 당신이 일에서 남들보다 뛰어나지 못하다면 회사에 충성심을 보여줌으로써 사장의 신임을 얻을 수 있다. 나아가 사장은 당신에 대한 투자를 아끼지 않으며 훈련의 기회를 주고 지원을 늘린다. 당신이 믿고 키울 만한 인재라고 생각하기 때문이다.

충성심이 강하고 능력이 있는 사원은 어느 회사를 가더라도 사장의 총애를 한 몸에 받기 때문에 자신의 위치를 확고하게 가질 수 있다. 그러나 딴마음을 품고 이해득실만을 따지는 사원에게는 그의 능력이 아무리 뛰어나도 중책을 맡기지 않는다. 회사에 충성하고 사장에게 충성하면 결과적으로는 자신의 인생에 충성하는 것과 같다.

잭이라 불리는 청년이 있었다. 그는 유명한 광고회사에서 근무했는데 그의 사장은 맥 존슨으로 유능하고 카리스마가 넘치는 사람이었다. 잭은 말재주가 뛰어나고 수완이 뛰어난 청년이었다. 입사한 지 얼마 안 되어 뛰어난 실적 때문에 각 도시의 거리에서 광고를 진행하는 큰 프로젝트의 총책임을 맡았다. 전 사원이 이 프로젝트에 관심이 많았으므로 모두 이 일에 매진했다. 만약 이 프로젝트가 성공하면 회사와 사원들에게 돌아올 경제적 이익이 매우 크고 광고 업계에서의 위상을 확실하게 다질 수 있는 기회였다. 존슨 사장은 월급날 직원회의를 소집했다.

"우리 회사가 진행하는 이 프로젝트는 몇 억의 자금을 필요로 하기 때문에 회사 예산을 잠시 동결해야 하는 상황입니다. 이번 달 월급을 다음 달에 함께 지급하겠습니다. 회사를 위해서 좀 양해해주시기 바랍니다. 이 프로젝트가 성공하면 많은 수익이 발생하므로 그 수익은 여러분들과 함께 나눌 것입니다."

모든 직원들은 사장의 말에 공감을 표시했다. 그러나 세상일이 결코 호락호락하지 않듯이 몇 개월 뒤 이 기대는 점점 실망으로 바뀌어갔다. 직원들은 최선을 다해 열심히 일했지만 거리 광고에 대한 시市의 허가가 쉽게 떨어지지 않자 자금은 달리고 업무는 계속 지연되었다. 사장은 사채를 쓰며 버텼다. 회사의 앞날은 갈수록 암담하기만 했다.

도저히 더는 견딜 수 없었던 존슨 사장이 전체 사원을 모아 놓고 회사의 사정을 얘기했을 때 사원들의 마음은 동요하기 시작했다. 직원들은 못 받은 월급을 당장 내놓으라며 소란을 피웠지만 사장은 월급을 줄 돈이 전혀 없었다. 직원들은 회사에서 돈이 될 만한 물건을 모두 들고 회사를 떠났다. 단지 몇 사람만이 남았고 잭 역시 회사에 남아 사장 곁을 지켰다. 그러나 몇 주일 후 몇 안 되는 사람들도 떠나고 오직 잭만 남아 사장을 보필했다. 사장이 왜 남았냐고 잭에게 묻자 잭이 말했다.

"일단 배에 탄 이상 중간에 폭풍을 만나면 함께 협력해서 극복해야죠."

얼마 지나서 다행히 시에서 허가가 떨어지고 거리 광고를 진행할 수 있게 되었다. 그러나 잭의 회사는 인력과 자본이 없었으므로 다른 큰 광고회사에서 이 프로젝트에 대한 권리를 사겠다고 나섰다. 사장은 그 광고회사에 조건을 하나 제시했다. 그 조건은 '이 프로젝트의 팀장은 반드시 잭이 맡아야 한다'였다. 그 광고회사는 조건을 수락했다. 사장이 계약서에 사인을 하면서 그 광고회사의 사장에게 잭에 대해 말했다.

"정말 보물과 같은 인재를 얻는 겁니다. 어디서도 쉽게 찾을 수 없으니까요. 잭은 당신 배를 타는 순간부터 당신과 함께 어떤 비바람도 함께 견디며 도울 사람입니다."

잭은 그 광고회사를 떠나지 않고 열심히 일했고 회사도 승승장구하였다. 그는 현재 이 회사의 임원이 되어 있다.

사원의 충성은 사장에게 성취감을 느끼도록 한다. 동시에 사장의 자신감을 북돋아주고 회사의 응집력을 강하게 만든다. 따라서 회사는 발전하게 된다.

충성심이 강하면서 능력도 있는 사원은 모든 사장이 마음속으로 자신의 오른팔이라고 생각한다. 아무리 능력이 출중해도 만약 회사

이익을 존중하지 않고 충실치 못하다면 그 사원은 회사에서 오래 버티지 못한다. 충성스런 직원은 회사 발전의 중추라 할 수 있다. 충성스런 사원은 회사를 사랑하고 동시에 회사를 발전시키고 보호한다. 충성스런 직원들이 많은 회사는 응집력과 전투력이 있으므로 큰 시련을 겪어도 이겨낼 수 있다. 시련이 올수록 충성스런 직원들은 어려움을 함께 건너겠다는 의지로 빛난다.

충성은 입으로만 떠들고, 좋을 때 아첨하고 비위를 맞추다 시련이 오면 다른 일을 찾아 떠나는 이기심과는 정반대의 행위다. 오히려 충성스런 직원들은 회사가 결의한 사항과 다른 생각을 갖고 있고, 문제가 있다고 생각하면 결정권자가 놓친 부분이 있을 수 있으므로 솔직한 의견을 용감하게 말한다.

모든 사원들은 회사의 전체 이익을 위하여 옳다고 생각하는 바를 말할 의무와 책임이 있다. 반대로 말하지 않으면 그것은 회사에 대한 불성실이다. 이는 곧 자신의 회사로 여기지 않는다는 증거이기도 하다.

직원이 30여 명인 작은 목재회사의 사장이 부실한 제품을 슬쩍슬쩍 섞어 팔다가 적발되어 도산의 위기에 처했다. 회사의 직원들이 뒤에서 이렇게 쑥덕댔다.

"이런 날이 올 줄 알고 있었어. 말해봐야 내 말은 듣지도 않을 거고 미운털만 박힐까 봐 가만히 있었지. 그리고 괜히 엮여봤자 불똥이 나한테도 튈 수 있잖아."

그들의 태도는 이런 것이다.

"내 일도 아닌데 나와 무슨 상관이야? 사장 회사니까 사장이 알아서 하겠지. 내 할 일은 이미 다했어. 망해도 사장이 망하는 거지."

이런 직원은 충성스런 직원이라 말할 수 없다. 능력이 없는 것이 아니라 충성심이 모자란 직원이다.

기업에 충성하는 사원들은 언제나 기업의 발전을 위해 책임을 지고 이를 위해 이치에 근거하여 과장과 부장과 임원과 끝까지 싸우는 사원들이다. 어느 누구도 기업의 이익을 생각하는 사람을 비웃지 않으며 당신의 회사와 사장은 당신의 충성심을 자랑스러워한다. 충성스런 직원들은 회사가 어떤 사실을 결정하기 이전에 자신의 솔직한 의견을 제시하고 일단 결정이 내려지면 그 결정에 따라 빠르게 행동한다.

한 회사에 입사하는 순간부터 우리는 회사의 운명과 복잡하게 얽힌다. 회사의 운명이 곧 자신의 운명이기도 하다. 그러나 많은 사람들이 자신은 회사의 발전과 크게 관계가 없다고 생각하는 경우가 대부분이다. 그러다 보니 눈치만 늘어나고 일은 형식적이고 애사심은 떨어진다. 과장급만 되어도 명퇴를 생각한다. 따라서 회사가 잘 돌아가지 않으면 그만두면 된다고 생각하고 창의성도 없고 열정도 사그라든 월급쟁이가 된다. 그러나 실제로 회사와 나의 운명은 밀접한 관계에 있기 때문에 회사의 발전은 사장에게만 이익이 아니라 자신에게도 이익이다.

우리는 파산한 기업에서 나온 구직자가 다른 회사에서 환영받지 못하는 것을 많이 보게 된다. 그러나 우수한 기업의 사원들은 서로 모셔 가려고 경쟁한다. 만약 어려울 때 당신이 회사와 생사고락을 같이하면 상황이 좋아졌을 때 회사는 당신에게 최대의 보상을 한다. 설령 회사가 망해도 당신이 끝까지 충성을 지켰다면 그것으로 인해 또 다른 행운이 당신을 찾아올 수 있다는 사실을 잊지 말라.

02_ 자신을 적극적으로
사장에게 부각시켜라!

인재가 넘치고 경쟁이 치열한 직장 안에서
자신이 남들보다 두각을 나타내기 위해서는
실력은 기본이지만 재능과 성실만으로는 부족할 때가 있다.
특히 규모가 큰 대기업이나 직원 수가 많은 회사에서
자신의 존재를 알리는 데도 일종의 기술이 필요하다.
그럼 무슨 기준으로 사장은 그 많은 직원들 중에서 선발하여 승진의 명단에 올릴까?

인재가 넘치고 경쟁이 치열한 직장 안에서 자신이 남들보다 두각을 나타내고 경쟁에서 앞서가는 것은 결코 쉬운 일이 아니다. 그럼 가장 큰 경쟁력에는 무엇이 있을까?

시대가 변해도 변하지 않는 진리는 남들보다 앞서기 위해서 실력은 기본이 되어야 한다는 사실이다.

대학을 우수한 성적으로 졸업한 한 청년이 있었다. 졸업 후 취업 전선에 뛰어들었지만 자신이 원하는 일을 얻을 수 없었다. 이에 절망한 젊은이는 자살을 하기 위해 바다로 떠났다. 그가 바다로 뛰어들었을 때 한 노인이 그를 발견하고 끌어냈다. 노인은 왜 자살을 하려고 하느냐고 이유를 물었다.

청년 저는 대학을 졸업했고 성적도 우수했지만 어디에서도 저를 필요로 하지 않습니다. 살아갈 이유를 찾을 수가 없어요.

노인은 모래사장에서 모래를 한 움큼 쥐어 청년에게 보여주고는 다시 밑으로 놓았다. 그리고 청년에게 말했다.

노인 내가 지금 바닥에 놓은 모래를 다시 주워보게.

청년은 바닥을 쳐다보며 "불가능합니다"라고 말했다.

노인은 말없이 주머니에서 반짝반짝 빛나는 진주를 꺼내 모래 위에 놓았다. 그리고 청년에게 말했다.

노인 이 진주를 주을 수 있겠나?

청년 당연하죠!

노인 자네는 자신의 처지를 분명하게 직시해야 하네. 자네는 아직 진주가 아니야. 그러니 당장 남들의 인정을 받을 수가 없어. 만약 남들의 인정을 받고 싶다면 자신이 먼저 진주로 변할 방법을 모색해 보게.

청년은 고개를 숙이고 깊이 반성했다.

진주가 되면 일반 돌과 확연하게 구분이 가능하다. 만약 경쟁에서 앞서가고 상사의 주목을 받고 싶으면 실력은 가장 밑바탕이 되어야 한다.

그러나 실제로 직장 내에서 많은 직원들이 비슷비슷한 실력과

part 4.
조직에서 슬기롭게 살아남는 법

성실성을 갖추고 있다. 그럼 재능과 성실만으로는 남들과 구별되지 않을 때 어떤 방법으로 사장과 상사에게 자신을 부각시킬 수 있을까?

적극적인 태도가 방법 중의 하나다. 자신을 드러내기에 좋은 기회는 회의시간이다. 어떤 직원들은 회의를 할 때 남들이 '자신의 얕은 지식을 깔보지 않을까, 참신한 의견이 아니라고 생각하지 않을까' 걱정하여 조용히 뒤에 숨어 남들이 하는 말만 열심히 듣는다. 이런 직원은 전혀 드러나지 않으므로 사람들에게 존재를 부각시키지 못한다. 또한 사장이 다른 사람의 의견에 찬성하느냐고 물었을 때 그저 "예예"라고 답하고 찬성만을 표시하는 직원은 절대로 주목을 받을 수가 없다. 사람들은 '저 사람은 생각도 안 하고 의견도 없는 사람이군'이라고 생각하므로 오히려 무시한다. 이러한 행위는 자신을 드러내는 기회를 스스로 포기하는 것과 마찬가지다.

그러나 반대로 회의 전에 이 회의의 주제가 무엇인지 알아보고 자신이 회의에서 무엇을 말할지 준비하고 적극적으로 발표하면 사장이 당신을 기억할 확률이 높아진다. 여기에 참신하고 좋은 아이디어를 제시했다면 당신은 합격점을 받을 수 있다. 따라서 철저하게 사전에 준비하고 회의 때는 대담하게 자신을 드러내기 위해 목청 높여 자신의 견해를 발표해야 한다.

다음으로 보고의 기술을 익혀야 한다.

사장이나 상사에게 하는 보고는 자신의 능력을 보여줄 수 있는 절호의 기회다. 따라서 보고의 기술에 능하면 사장이나 상사의 눈에 들기 쉽다. 보고는 우리가 직장에서 하는 업무 중 중요하면서도 흔한 업무다. 관리의 측면에서 사장이나 상사는 부하의 업무상황을 알고 있어야 일의 진도 및 운영상황을 정확하게 파악할 수 있어 문제가 생겨도 즉시 대처할 수 있다. 이처럼 부하의 입장에서 보고의 기술에 능하면 사장이나 상사에게 좋은 이미지를 심어줄 수 있어 승진의 기회를 잡을 수 있다.

사장이나 상사에게 문서로 보고를 하거나 구두로 보고할 때 다음과 같은 점에 유의해야 한다.

(1) 보고할 내용을 사전에 정리한다.

중대한 사항을 보고하기 전에 준비를 철저히 해야 한다. 보고할 사항은 요점정리 식으로 항목별로 나누어 열거한 다음 머리로 기억하거나 종이에 적어 놓는다. 사장이나 상사에게 보고할 때의 비망록이다.

(2) 내용은 간결하게 정리한다.

서면으로 보고할 때 가장 중요한 것은 내용을 간결하게 정리하는 일이다. 작성이 끝나면 적어도 두 번을 검토하라. 없어도 될 글자나 문장은 아까워하지 말고 과감하게 삭제하라.

구두로 보고할 때는 사장이나 상사가 무엇을 질문할지 예상하여 답안을 미리 준비해야 질문을 받고 당황하거나 무의미한 설명으로 시간을 낭비하지 않는다.

사실에 대해서는 예를 들어 설명하면 신빙성을 높이고 관심을 집중시킬 수 있다.

(3) 중요한 사항은 강조한다.

요점을 간결하게 보고하면 일의 중점重點을 파악할 수 있다. 일의 중점은 사장이나 상사가 추진하는 사업의 이익과 직결될 때가 많다. 그러므로 사장이나 상사가 가장 관심을 갖는 부분부분 일목요연하고 눈에 띄게 강조하면 일의 결과를 한 눈에 알아볼 수 있기 때문에 사장이나 상사를 만족시킬 수 있을뿐더러 좋은 인상을 남기게 된다. 중점을 간결하고 일목요연하게 정리하고 강조하는 기술에 능하면 보고의 반은 이미 성공한 것과 같다.

(4) 사장과 상사에게 평가를 부탁한다.

사장이나 상사는 직원들이 하는 일에 대해 많은 의견을 가지고 있다. 만약 여러 사람 앞에서 평가를 부탁하게 되면 사장이나 상사의 평소 생각을 들을 수 있기 때문에 많은 참고가 된다. 사장이나 상사는 그 자리에 오르기까지 경험이나 지식에서 당신을 능가하므로 많은 것을 배울 수 있다. 그리고 사장이나 상사가 원하는 것을 파악할 수 있으므로 기회를 얻는 데도 많은 도움이 된다.

일을 잘 하는 것도 중요하지만 그 결과를 표현하는 능력도 중요하다. 직장에서 가장 유용한 수단은 보고의 전략을 활용하는 방법이다. 보고는 사장이나 상사와의 커뮤니케이션의 기술이며 전략적인 보고는 승진을 위한 필수코스다.

사장이나 상사와 효과적인 소통의 기회를 적극적으로 활용하는 것도 자신을 부각시킬 수 있는 방법이다.

'팔은 안으로 굽는다'는 옛말이 있다. 사장이나 상사 역시 사람이기 때문에 승진을 결정할 때 자신이 잘 알고 자신과 충분한 소통이 가능한 사람에게 마음이 기우는 법이다. 사장이나 상사와 소통이 가능한 직원은 사장이나 상사의 의도를 잘 파악할 수 있으므로 일에서 사장이나 상사가 원하는 것을 실행으로 옮길 수 있다. 따라서 소통이 가능한 직원이 사장이나 상사의 마음을 얻게 된다.

사장이나 상사와 소통하고 싶으면 소통의 기회를 적극적으로 찾아야 한다. 예를 들면 엘리베이터 안에서, 복도에서, 식당에서 사장이나 상사를 만나면 먼저 뛰어가 인사하고 일에 대해 몇 마디를 나눈다. 사장이나 상사도 이렇게 적극적으로 자신과 소통을 하려는 직원을 싫어하거나 멀리하지는 않는다.

자신감 있고 적극적인 모습은 사장이나 상사에게 깊은 인상을 심어 주기 때문에 승진의 기회가 생기면 이렇게 적극적이고 눈에 많이 띄었던 직원을 먼저 머릿속에 떠올린다.

김태환은 규모가 큰 출판사에 입사했다. 직원도 많고 쟁쟁한 인재들도 많았으므로 그는 평범한 일개 직원에 불과했다. 그러나 그는 자신의 일을 소중하게 생각했기 때문에 자질구레한 일도 열심히 하고 자신에게 맡겨진 책임은 최선을 다해 완수했다. 그리고 자신의 능력이 많이 부족하다고 생각했으므로 남들이 모두 퇴근한 시간에도 남아 연구하고 자신의 일에 관련된 세부사항까지도 완벽하게 파악하려고 노력했다. 물론 야근이 있을 때는 절대 빠지지 않고 밤을 새우며 일했다. 하루는 직원들이 모두 퇴근한 시간에 남아 일하고 있는데 사장이 우연히 이 모습을 발견했다. 그는 벌떡 일어나 인사를 하고 사장과 여러 가지 이야기를 나누었다. 일에 관련해서도 자신의 관심분야, 요즘 진행하고 있는 책이야기, 회사에 대한 자신의 의견 등으로 대화의 꽃을 피웠다. 사장은 이때 김태환이 자신의 일을 정말 아끼고 있다는 인상을 받았다. 그 후로도 김태환은 회사 안에서 사장을 보면 적극적으로 달려가 일에 대한 여러 가지 의견을 말했다. 사장은 회사 안에 직원들이 많지만 이렇게 적극적인 사원은 많지 않다는 생각을 하게 되었다. 그 해 인사발령이 났을 때 김태환은 신입사원 중 유일하게 대리로 승진했다. 사장은 김태환의 열정과 적극성이 회사에 큰 도움이 될 것이라 판단했기 때문에 신입사원 중 그에게 가장 먼저 기회를 주었다.

물론 사장이나 상사들마다 소통의 방법은 다르다. 자기 회사의 사장이나 상사는 어떤 성향을 가지고 있는지 파악하는 것이 중요하다. 일반적으로 사장이나 상사와 소통할 때 다음과 같은 사항에 주의해야 한다.

(1) 간결해야 한다.

사장이나 상사는 효율적인 대화를 좋아한다. 쓸데없고 긴 대화를 싫어한다. 따라서 사장이나 상사의 주의를 끌고 효과적으로 소통하고 싶다면 간결한 대화를 진행해야 한다. 조리 있고 분명하게 요점만 집어 대화한다.

(2) 상대의 말에 귀 기울여 듣는 태도를 보여야 한다.

청산유수 같은 말솜씨보다는 상대의 말을 귀 기울여 듣는 태도가 더 중요하다. 자신의 의견만 열심히 말하고 사장이나 상사의 말을 흘려듣는 것은 대단한 실례다. 상호 좋은 관계를 유지하기 위해서는 상대의 말을 경청하고 맞장구를 쳐주는 자세가 필요하다. 상대의 말을 잘 들어주는 것은 상사로서의 중요한 자질 중의 하나이므로 중책을 맡고 싶다면 경청의 기술에 능해야 한다.

(3) 정중해야 한다.

사장이나 상사를 대할 때 존중을 표시하는 것은 기본이지만 그렇다고 너무 '예예'거리는 것도 좋지 않다. 사장 중에는 '무조건 YES MAN'을 싫어하는 사람도 있다. 이런 태도는 오히려 반감을 사기도 한다. 비굴하지도 않고 건방지지도 않은 태도를 유지해야 한다. 겸손하면서도 정중한 태도는 당신을 예의바른 사람으로 보이게 한다.

항상 배 아래로 두 손을 모아 정중하게 인사를 하는 직원이 있었다. 그는 이 인사법 하나로 사장의 마음에 들어 승진을 했다. 모든 직원이 형식적으로 인사를 할 때 그는 예의바른 인사법으로 사장과 상사에게 인정을 받았다.

(4) 남을 비방하는 말을 해서는 안 된다.

사장이나 상사와 대화를 나눌 때 자신을 돋보이게 하려고 남을 비방하는 행위는 삼가야 한다. 사장이나 상사와 공적인 일로 대화를 나누고 사적이고 비밀스런 얘기는 절대 하면 안 된다. 오히려 이런 주제는 자신의 이미지를 훼손시키는 결과를 가져온다. 건설적인 주제만이 장기적으로 사장이나 상사의 신임을 얻을 수 있다.

직장에서의 경쟁은 갈수록 치열해지고 있다. 비슷비슷한 실력과 비슷비슷한 업무 태도로 자신이 부각되지 않는다면 남들과 소통하는 커뮤니케이션의 기술을 적극적으로 활용해야 한다. 자신을 적극적으로 표현하지 않는 한 직장에서 어느 누구도 당신에게 기회를 만들어주지 않는다. 적극적인 태도만이 자신을 남들보다 드러낼 수 있는 유용한 방법이다.

3_ 조직에서 1+1=2가 아니라
2의 몇 배수다

수학에서 1+1=2다.
그러나 조직에서 한 사람과 한 사람의 능력을 결합하면
그 결과는 2가 아니라 그 몇 배에 이른다.
협동은 곧 힘이며 이것은 누구도 부정할 수 없는 고금의 진리다.
직장이라는 조직에서 성공을 거두면서도 슬기롭게 살아남을 수 있는 현명한 방법은
동료들과 협동하고 공을 나누는 단체정신을 가지고 있어야 한다.

우리는 직장에서 수많은 동료들과 함께 생활하고 있다. 그들은 우리 옆에 있는 가장 좋은 스승이자 일을 더욱 즐겁게 만들 수 있는 중요한 인물이다.

그러나 한편으로 동료는 나의 경쟁상대이자 경계대상이기도 하다. 그래서 어느 직장을 가든 '독불장군'을 만나게 된다. 그들은 모든 성공은 자신의 능력과 노력만으로 가능하다고 생각하기 때문에 주위 동료들과 협동하지 않고, 조직과의 타협을 거부한다. 그러나 이들은 조직에서 오래 버티지 못한다는 공통점을 갖고 있다.

중국 마이크로소프트사의 사장 짱샹후이張湘輝 박사는 말한다.

"사원을 뽑을 때 우리에게는 매우 엄격한 기준들이 있습니다. 그 중 하나가 바로 단체정신입니다. 우리는 천재를 원치 않습니다. 그 사람은 단체정신이 없기 때문에 오히려 조직에 맞지 않을 때가 많습니다. 마이크로소프트사에서 윈도우 XP를 개발할 때 500명의 프로그래머들이 2년을 고생했습니다. 소프트웨어 개발은 다른 유형, 다른 성격을 가진 사람들이 협조하여 함께 노력해야 가능하기 때문에 만약 협동심이 없으면 성공하기 어렵습니다."

분업이 세분화되고 경쟁이 치열한 현대 사회에서 전문 분야의 능력을 갖추는 것은 매우 중요하다. 그러나 직장이라는 조직에서 생활할 때 한 사람의 능력으로 많은 일들을 감당할 수는 없다. 자신의 능력으로 일정한 결과를 얻는 것을 부인할 수는 없지만 그 능력을 다른 사람과 결합하면 더 효율적으로 일할 수 있고 더 좋은 결과를 얻는 것을 흔히 보게 된다.

마이크로소프트사의 회장인 빌 게이츠는 말했다.

"만약 전체가 높은 아이큐를 가진 사원으로 구성된 회사에서 일하는 직원들의 협동이 잘 이루어질 수 있다면 상호간에 큰 연계 효과를 가져 올 수 있습니다. 머리가 좋은 인재들이 서로 협동하면 새롭고, 창조적인 엄청난 역량을 만들어 냅니다. 경험이 많지 않은 직원들도 협동을 통해 새로운 경지로 올라설 수 있으며 이로부터 이익의 극대화가 창출됩니다."

바로 이것이 조직의 힘이 만들어 내는 효율의 극대화를 가리키는 말이다.

회사에서 협동의 정신은 구성원들이 하는 일의 결과와 직결된다. 난관에 부딪혔을 때 홀로 고군분투하고 동료들과 나누지 않는다면? 공명심에 불타서 자신의 능력밖 일까지 혼자 매달린다면? 만약 누군가 이런 태도로 조직에서 버티고 있다면 그 개인의 앞날은 암담할 뿐이다. 조직에서는 자신을 단체에 융화시키는 사람만이 큰 성공을 거둘 수 있기 때문이다. 단체에 융화되기 위해서는 먼저 단체정신을 가져야 하고 '독불장군', '안하무인'의 태도를 버려야 한다. 많은 사람이 힘을 합하면 그만큼 힘이 커지므로 조직에서는 마음을 합쳐 협력하는 단체정신을 가져야 한다.

유명한 축구코치가 말했다.

"세계 축구선수팀 중에서 독일팀의 실수가 가장 적습니다. 독일팀은 선수들 하나하나로 따지고 보면 약팀입니다. 그러나 경기장에서 경기를 할 때 보면 마치 11명 전체가 하나의 뇌로 조종되는 것처럼 경기를 진행합니다. 11명이 각각 경기를 하는 것이 아니라 하나의 거인이 경기를 하는 것처럼 느껴져서 상대팀 선수가 겁을 먹게 만듭니다."

일치단결하여 최대의 역량을 발휘하는 것이 바로 독일 축구팀의 비결이다.

회사도 이와 마찬가지다. 직원들마다 자신의 역할이 있고 각자

part 4.
조직에서 슬기롭게 살아남는 법

185

의 책임을 완수하여 회사의 목표를 달성한다. 따라서 직원 각자는 회사에 없어서는 안 될 존재들이며 우수한 사원은 회사의 목표를 극대화하기 위해 그 중심에 선다.

이부카 마사루井深大가 소니사에 입사했을 때 소니는 20여 명이 모여 일하는 작은 회사였다. 사장 모리타 아키오盛田昭夫는 그에게 "당신은 전자기술 부문에 있어 탁월한 전문가니까 중요한 요직을 맡을 자격이 있다고 생각합니다. 당신에게 신상품의 연구개발 총책임을 맡기겠습니다. 다른 사람들을 잘 지휘하셔서 최고의 상품을 만들어주세요. 당신의 어깨에 우리 회사의 사활이 걸려 있습니다"라고 독려했다.

이부카 마사루는 비록 자신감은 넘쳤지만 사장의 기대가 부담스러웠고, 이 일은 절대 혼자만의 힘으로는 불가능하다고 생각했다. 그래서 "저요? 저도 중책을 맡고 싶은 마음이야 굴뚝같지만 경험도 많지 않은데 잘 할 수 있을지 모르겠습니다"라고 말했다.

"모든 사람은 새로운 분야에 대해 겁을 먹죠. 그러나 당신과 직원들이 힘을 합하면 충분히 가능합니다. 그리고 당신의 강점은 바로 사람들을 화합시키는 능력이구요. 함께 지혜를 모으면 어떤 어려움도 극복할 수 있지 않겠습니까?"라고 사장은 자신 있게 말했다.

이부카 마사루는 기분이 좋아져서 말했다.

"맞습니다. 왜 저 혼자라고 생각했는지 모르겠습니다. 20명이나 되는 직원들이 있는데요. 그들의 의견을 귀담아 듣고 함께 분발해

보겠습니다."

그는 마케팅부의 동료와 함께 판매가 원활하지 못한 이유를 분석했다. 동료가 말했다.

"테이프 레코더가 잘 팔리지 않는 이유는 한 대에 45kg이나 나가니 무게가 무겁고, 판매가가 16만엔으로 가격이 비싸기 때문이야. 일반 사람에게는 이런 이유로 매력이 없으니 반 년이 지나도 한 대도 안 팔린 거야. 무게와 가격을 낮추는 방법을 생각해 보게."

그리고 나서 기획부의 동료를 찾아갔을 때 시장 상황을 알게 되었다. 동료가 말했다.

"현재 미국은 이미 트랜지스터관을 생산하고 있는데 이것을 사용하면 원가는 대폭 낮추면서도 상품은 매우 가볍고 사용이 편리하지. 이 부문에 대한 연구가 필요하네."

이부카 마사루가 대답했다.

"고마워, 그 분야에 대해 열심히 연구할게."

그는 열심히 연구에 임했다. 연구과정에서 부딪히는 난관들을 동료들과 협력하여 극복하고 1954년 드디어 일본에서 최초로 트랜지스터 라디오 제작에 성공하였다. 이로부터 소니 발전의 신기원이 시작되었다.

이처럼 소니의 발전도 천재적인 한 사람이 아니라 이부카 마사루를 주축으로 한 20명 동료들의 협동으로부터 시작되었다.

따라서 동료를 경쟁자로만 생각하지 말고 바로 옆에 있는 '좋은

part 4.
조직에서 슬기롭게 살아남는 법

스승이자 유익한 친구'로 생각해야 한다. 직장에서 어려움과 실수를 최소화시키는 가장 좋은 방법은 동료를 내 편으로 만들고 그들의 의견을 참고하는 것이다. 이러한 의견은 그들이 직접 겪은 경험에서 나온 충고이기 때문에 업무 중에 큰 도움이 된다.

애플컴퓨터의 전 회장 존 스컬리가 600명의 여성직원에게 강연을 할 때 말했다.

"직장에서의 좋은 스승과 유익한 친구는 매우 중요한 존재입니다. 만약 그들의 안내가 없었다면 저는 이 업계에 발을 들여놓지 못했을 것입니다. 저 역시 후진의 양성에 힘쓰고 있습니다. 제가 인도한 두 명의 여성이 지금은 애플컴퓨터사의 부사장이 되었습니다."

우리는 동료들과의 교류를 통해 많은 정보를 얻게 된다. 새로운 기획, 새로운 프로젝트, 심지어 상사들의 최근 근황까지 접할 수 있다. 동료들과의 관계가 좋은 사람들일수록 많은 정보를 얻게 되고 이를 통해 승진의 기회도 잡을 수 있다. 반대로 그들과의 단절은 조직 내에서의 고립을 의미하므로 힘든 직장 생활을 감수해야 한다.

협력을 잘할 줄 알아야 주위 동료들이 당신을 지지하고 옆에서 도와 쉽게 목표에 도달한다. 또한 주위의 협력이 있어야 능력을 최대한 발휘할 수 있으며 회사 내에서 중심인물이 될 수 있다.

이러한 도움은 물질적인 것과 정신적인 것 모두를 포함한다. 우리는 조직에 융화됨으로써 일은 순조롭고 마음은 즐거울 수 있다는 것을 언제나 명심해야 한다.

월마트의 직원 준칙은 우리에게 다시 한 번 동료와의 관계를 생각하게 만든다.

"당신의 일에 충실하세요. 동료와 파트너십을 맺고, 동료를 격려하며, 매사에 동료와 대화하고, 회사에 대한 동료의 헌신에 감사하고, 동료의 성공에 대해서는 크게 축하해 주고, 실패했을 때는 낙관적인 태도를 잃지 마세요."

04_ 인간관계는 곧 실력이다

헐리우드에서 유행하는 말이 있다.
'성공의 여부는 무엇을 아느냐가 아니라 누구를 아느냐에 달려 있다.'
인맥의 중요성을 강조한 말이다.
무한한 경쟁시대인 21세기에 인맥네트워크는 경쟁력이자 성공의 지름길이다.
직장 내에서도 원만한 인간관계를 유지하고 인맥네트워크를 잘 관리하는 것은
또 하나의 실력을 쌓는 것과 같다.

직장인들이 직장을 그만두는 이유 중에서 가장 많은 사유는 인간관계 때문이다. 일이 힘들거나 싫은 것보다 인간관계가 더 힘들게 느껴지기 때문이다. 따라서 즐거운 직장생활을 위해서는 인간관계가 매우 중요하다.

한수진이 S사의 총무부에 입사한 지 그리 오래되지는 않았다. 한수진의 동료 중에 그녀보다 사회생활을 먼저 시작해서 세 살이 어린 여직원이 있었다. 한수진은 대학원을 졸업하고 바로 입사했으므로 아직 사회생활 경험이 많지 않아서 그 여직원에게 업무에 대해

많은 자문을 구했다. 그 여직원은 자신보다 학력도 높은 한수진이 자신에게 많은 것을 묻자 우쭐하기도 하고 학력에 대한 콤플렉스도 있어서 쌀쌀맞게 대하는 한편 때로는 괜한 트집을 잡았다. 심지어는 뒤에서 여직원들에게 한수진에 대한 험담을 이렇게 늘어놓았다.

"가방 끈만 길었지 업무 능력은 완전히 꽝이야. 내가 하나하나 다 가르쳐줘야 한다니까. 지금은 상사들이 걔를 잘 몰라서 그러는데 아마 오래 못 갈 것 같아. 근무연수도 내가 훨씬 높은 데 월급이 같다는 것이 말이 돼? 회사가 나한테 이러면 안 되지."

이 말을 들은 여직원 중의 하나가 한수진에게 동료 여직원이 뒤에서 험담을 하고 다닌다고 알려주었다. 한수진은 그 여직원 때문에 회사도 다니고 싶지 않았고 대단한 스트레스를 받았다. 그래서 친구와 만났을 때 "동료 여직원 중에 나를 눈의 가시처럼 생각해서 사사건건 못 살게 구는 데 정말 힘들어. 나이도 나보다 세 살이나 어린데 어쩜 그렇게 건방지게 구는지 모르겠어. 그 여직원 때문에 회사를 그만두고 싶어"라고 하소연을 했다.

친구가 말했다.

"네가 나이도 많으니 참아. 먼저 마음을 열고 대화를 시도해 봐. 너그럽고 넓은 마음으로 대하고 친해지려고 노력하면 상대도 조금씩 변하지 않겠니? 그리고 물어보지만 말고 네가 도와줄 수 있는 것은 도와주고. 그러면 분명히 친구가 될 수 있을 거야."

한수진은 이 말을 듣고 관계 개선을 위해 자신이 적극적으로 노력하기로 마음먹었다. 물어 볼 것이 있을 때는 커피라도 한 잔 타서 가져가고 그 여직원에게 도움이 필요할 때는 나서서 도와주었다. 그리고 생일 때는 개인적으로 선물을 준비해 선사했다. 그 여직원도 점점 한수진에게 호감을 갖게 되었고 마음을 열고 대화를 시작할 수 있었다. 많은 이야기를 나누다 보니 통하는 면도 있고 서로 더 잘 이해하게 되어 둘은 총무부에서 가장 친한 동료사이가 되었다.

직장에는 다양한 성격, 다양한 관심사를 가진 많은 사람들이 모여 일한다. 서로를 이해하기 쉽지 않지만 먼저 마음을 열고 다가서고 이해가 상충했을 때 상대방의 입장에 서서 상대를 이해하려 노력하면 동료들과 우호적인 관계를 유지할 수 있다. 반대로 동료들이나 상사와 원만한 관계를 유지하지 못하면 이 마음은 일에도 연결되어 즐거운 직장생활을 할 수 없다. 심지어 회사를 그만두게 된다.

황민호는 제약회사 기획팀에서 일하고 있다. 그가 기획하여 출시한 두 가지 상품이 모두 히트상품이 되어 회사는 이로 인해 많은 수익을 올렸다. 사장이 그에게 감사의 표시로 특별 인센티브를 지급하고 직원들이 모두 모여 있는 자리에서 크게 칭찬을 했다. 그는 인사말을 할 때 상사와 동료들의 도움에 감사한다는 말은 전혀 없고 인센티브를 받게 되어 기쁘고 앞으로도 열심히 해서 계속 히트상품을 만들겠다는 말만 했다. 또한 많은 돈을 받았음에도 주위에 식사 한 끼 사지 않았다. 상사는 속으로 괘씸하다고 생각했고 동료들은 그에 대해 경쟁심만 높아갔다. 결국 주위에서는 그가 기획한 프로젝트에 어떤 도움을 주려고도 하지 않았고 그는 점점 회사에서 일하는 것이 힘들어져서 그만두게 되었다.

'가지 많은 나무에 바람 잘 날이 없다'는 옛 속담이 있다. 직장은 일종의 전쟁터다. 실력만큼 중요한 것이 처세다. 따라서 인간관계를 어떻게 맺느냐에 따라 동료가 경쟁상대가 될 수도 있고 좋은 친구가 될 수도 있다. 자신의 능력으로 좋은 결과를 얻었어도 조직 내에서는 공을 다른 사람들에게 돌리는 겸손을 보여야 바람을 덜 맞을 수 있다. 그럼 직장에서 인간관계를 잘하기 위해 어떻게 해야 할까?

(1) 감사를 표현한다.

상사의 지도와 도움에 감사하고 동료들의 협조와 지지에 항상 감사를 표현해야 한다. 설사 크게 감사할 일이 없을 때도 상대방에게 감사를 표현하면 이것은 상대방의 기분을 좋게 만들고 좋은 결과가 생긴다. 감사는 언제나 또 다른 감사할 일을 만든다.

(2) 공적을 함께 나누어라.

남들의 인정을 받기 위해서는 공적을 나누는 행위는 일종의 지혜다. 특히 상사에게 공적을 돌리는 것은 처세를 위해서도 중요하다. 포상금이 있다면 식사를 대접하는 등으로 나누는 마음을 표현해야 한다. 이런 작은 노력으로도 상대방의 인정과 지속적인 도움을 받을 수 있다. 만약 이렇게 하지 않으면 질시의 대상이 되기 쉽다.

(3) 겸손하라.

상을 받거나 잘한다고 칭찬을 들으면 사람들은 대부분 오만해져서 안하무인의 태도를 보인다. 그러나 이럴수록 겸손하면 더 많은 사람을 얻게 된다. 자신을 너무 낮출 필요는 없지만 언제나 겸손한 자세는 원만한 인간관계를 위해 반드시 필요하다.

(4) 상대방의 입장에 서서 생각하라.

직장은 많은 이해관계가 얽혀 있는 곳이다. 그리고 다양한 개성을 가진 사람들이 모여 있으므로 각자의 생각도 모두 다르다. 따라서 서로를 이해하고 조금씩 양보하지 않으면 동료가 단순한 경쟁자이자 경계대상으로만 보일 뿐이다. 상대의 입장에 서서 생각해 보는 것이 상대를 이해하기에 가장 쉬운 방법이다. 직장인들은 하루의 1/3 이상의 시간을 직장에서 보내므로 싫은 사람들과 많은 시간을 보내는 것은 마치 고문처럼 느껴질 수도 있다. 따라서 직장에서 인간관계를 잘하는 것은 처세는 물론 즐겁게 일하기 위해서도 각자에게 중요한 사항이다.

인간관계를 관리하는 데 있어 원만한 인간관계를 유지하는 것도 중요하지만 그것 이상으로 신경을 써야 하는 것이 바로 인맥네트워크이다.

하버드 대학은 인간관계 능력이 한 사람의 성공에 어떤 영향을 미치는지를 알아보기 위해 한 실험실의 수석연구원을 상대로 조사를 했다. 조사는 이 수석연구원의 성공 비결은 전문능력이라기보다는 인간관계 전략에 있다는 것을 발견했다. 그는 대부분의 시간을 자신에게 도움이 되는 사람과의 좋은 관계 유지를 위해 사용하였다. 따라서 문제를 만나거나 위기의 상황을 만나면 인맥을 활용하여 손쉽게 해결했다.

전문지식은 우리가 성공하기 위해 당연히 중요하지만 이 전문지식을 발휘하기 위해서는 기회를 만나야 하고 그 기회를 만들기 위해서는 인맥을 최대한 활용해야 한다.

우리는 빌 게이츠가 세계에서 가장 부자가 될 수 있었던 이유는 발전추세에 발빠르게 적응하고 컴퓨터 분야에서 자신의 능력과 열정을 발휘했기 때문이라고 알고 있다. 빌 게이츠 성공에는 물론 그러한 이유가 가장 크지만 그 이외에도 한 가지 결정적인 이유가 있다. 빌 게이츠의 인맥이 그를 성공시켰다는 사실이다.

빌 게이츠가 회사를 설립할 때 그는 무명의 청년이었다. 그러나 20세 때 큰 계약에 서명했다. 이 계약은 당시 세계 일류기업인 IBM과의 계약이었다. 그때 그는 대학생이었고 인맥도 별로 없었다. 그가 어떻게 이 계약을 성사시켰을까? 빌 게이츠가 서명한 이 계약은 중간에 중개인이 있었다. 바로 그의 어머니였다. 빌 게이츠의 어머니는 IBM 이사회의 이사였다. 어머니는 아들을 사장에게 소개했고 계약이 성사됨으로써 이때부터 그의 성공이 시작되었다.

이렇게 인맥은 성공의 징검다리 역할을 한다.

그럼 어떻게 효과적으로 인맥을 관리할 수 있을까? 자신이 알고 있는 모든 사람들이 좋은 인맥은 아니다. 인맥관리를 위해서 먼저 인맥네트워크를 그려볼 필요가 있다.

자신의 생활 범위와 직접 또는 간접적으로 관계가 있는 사람들을 종이에 적는다. 별로 관계가 없는 사람은 다른 종이에 적는다. 자신에게 도움이 되는 사람이라고 생각되는 사람들에게 많은 시간을 투자할 필요가 있다.

다음, 자신이 아는 사람들을 분석하여 누가 가장 중요하고 누가 비교적 중요하며 누가 다음으로 중요한지 자신의 필요에 따라 배열하라. 이렇게 하면 당신은 누구를 중점적으로 유지하고 관리해야 하며 누구와 일반적인 관계를 유지하면 되는지 알게 되므로 이로부터 인간관계 전략을 결정할 수 있다.

마지막으로 관계를 분류하라. 어려움이 있을 때 어느 방면에서 누가 도와줄 수 있을지 분류하라.

연락을 유지하는 것은 인맥네트워크를 성공적으로 유지하는 중요한 요건이다. '관계'는 칼과 같아서 갈수록 날카로워진다. 반 년 이상 연락을 취하지 않으면 관계를 잃을 가능성이 크다.

가까운 관계 유지가 필요한 사람들에게는 평소에 감정적인 투자를 아끼지 말아야 한다. 그래야 그 사람의 도움이 필요할 때 도움을 요청해도 무안하지 않다.

미국 전 대통령 클린턴은 인맥관리에 뛰어난 사람이다. 〈뉴욕타임스〉 기자가 그에게 정치관계를 어떻게 유지하느냐고 물었다. 그는 이렇게 대답했다.

"매일 밤 자기 전에 한 장의 종이에 그날 연락한 사람들의 이름을 죽 적습니다. 이름 옆에는 자세한 사항, 시간, 미팅장소, 관련 정보 등을 함께 적어 놓습니다. 다음 날 비서를 시켜 컴퓨터의 인맥 네트워크 데이터베이스에 입력시켜 놓습니다."

이처럼 인맥을 철저하게 관리하는 것은 직장인들의 성공적인 직장생활을 위해 매우 유용하면서 중요하다.

풍부하고 효과적인 인맥네트워크는 우리를 성공의 피안으로 이끄는 잠재적인 무형의 자산이다. 따라서 인간관계를 잘 하는 것도 또 하나의 실력을 키우는 것과 같다.

part 05

오늘의 준비가 미래의 당신을 결정합니다

01_ 지식은 변화에 대처하는 최고의 무기다

전문지식을 익히고 능력을 기르는 것은
변화에 능동적으로 대처할 수 있는 가장 큰 무기다.
변화에 자유자재로 대처하기 위해서는 꾸준히 공부하는 태도를 길러야 한다.
자고 일어나면 신기술이 쏟아지는 21세기에 평생학습이 강조되는 것도
이런 이유 때문이다. 평생학습은 긴급한 업무를 순조롭게 처리하고
짧은 시간 안에 새로운 프로젝트의 전문가가 되기 위한 에너지원이다.

21세기는 그 어느 때보다 발전 추세가 빠르고 복잡하다. 회사나 직원 모두 빠른 변화에 능동적으로 대처하지 못하면 도태되고 만다. 따라서 우수한 사원의 자질에는 어떠한 변화에도 자유자재로 적응하고 대처할 수 있는 능력이 요구된다. 이러한 변화에 자유자재로 적응할 수 있는 가장 직접적이면서 효과적인 방법이 바로 학습이다. 지식으로 무장하고 있는 사람들은 업무에서 해결하기 어려운 문제를 만나거나 전혀 새로운 분야를 접해도 지식을 활용하여 남들보다 쉽게 처리한다. 또한 이 지식을 통해 끊임없이 발전하고 나날이 새

로워진다.

화교 재계의 거두인 리자청李嘉誠의 삶은 그의 일생 자체가 '학습이 운명을 바꾼다'는 것을 보여준 가장 좋은 본보기다.

현재 홍콩 최고의 갑부 리자청은 어린 시절 집이 매우 가난하여 중학교 때 어쩔 수 없이 학교를 그만두었다. 15세 때 아버지가 돌아가시자 그는 집안의 생계를 책임져야 하는 가장이 되었다. 그는 매우 열심히 일했지만 만약 공부하지 않아서 지식이 없으면 사회에서 제 구실을 할 수 없다는 것을 알고 있었다. 그래서 낮에는 판매원으로 일했고 저녁에는 야간학교를 다녔다. 그는 헌책방에서 남이 쓰던 오래된 교재를 구입하고 지나간 신문으로 글자를 익히며 미친 듯이 지식을 습득했다. 리자청은 옛 추억을 떠올리며 "당시 나는 남자들이 모여서 나누어 쓰는 아파트에 살았지. 12시면 모든 불을 껐어. 나는 야간학교를 다니면서 공장일까지 했기 때문에 아파트로 돌아오면 언제나 새벽이었어. 그럼 모든 불은 꺼져 있어 주위는 온통 암흑이었지. 그러면 어두컴컴한 실내에서 계단을 더듬으며 방으로 올라가야 했어. 한 층 한 층 계단수를 세서 숙소를 찾아 들어가야만 했던 그런 어려운 시절이었지"라고 말했다.

리자청은 청년시절 정식교육을 받은 적이 없다. 영어도 배운 적이 없지만 홍콩에서 장사를 하려면 영어를 마스터하지 않고는 출세할 수 없다는 것을 깊이 깨닫고 있었다. 각고의 노력을 통해 보통 대학생들보다도 더 영어를 잘하는 실력을 갖추게 되었다. 50년대 플라스틱 장사를 할 때 전세계의 플라스틱 관련 잡지를 읽으며 최신 정보를 얻으려고 노력했다. 그러다 우연히 외국잡지에서 플라스틱통을 만드는 기계를 유심히 살펴보았다. 외국에서 주문제작으로 구입하면 가격이 매우 비쌌으므로 자신이 독학으로 공부한 영어실력에 의존하여 이 기계를 직접 연구 제작하였다. 그리고 직접 영어와 다른 외국어를 공부하여 외국 시장을 개척하였다. 그는 짧은 시간에 동남아의 '플라스틱 왕'으로 군림하게 되었다.

이후 끊임없이 공부하고 도전하여 다양한 분야에서 최고가 되었다. 60년대 부동산 업계가 불경기였을 때 리자청은 이 시장으로 뛰어들어 플라스틱 왕에서 부동산 왕으로 변신했다. 70년대에는 그의 회사를 상장시키고 자본시장을 주름잡았다. 신경제시대에는 통신과 IT업계에 뛰어들었다. 1999년 그는 150억 달러의 가격으로 영국 오렌지Orange 통신회사를 매각했다. 그 후 유럽의 3G 서비스에 뛰어들었다. 그가 최고 경영자로 있는 허치슨 왐포와Hutchison Whampoa 는 홍콩 최대 대기업이다. 그는 80세에 가까운 고령이지만 여전히 배움을 게을리하지 않는다. 남들이 그에게 사업 전략을 짜는 비결이 무엇이냐고 물으면 그는 이렇게 대답한다.

"당신은 스스로 지식공장이 되어야 합니다. 동시에 마음을 비우고 전문가들의 의견을 많이 들으세요. 회사의 최고책임자가 되려면 그 업계에 대한 상당한 이해와 지식을 갖추고 있어야 합니다. 그렇지 않으면 당신의 판단력에는 반드시 착오가 생깁니다."

리자청이 골목 완구점의 판매상에서 홍콩 최고의 갑부가 될 수 있었던 것은 그의 불타는 학구열 덕분이었다. 시대마다 끊임없이 모습을 바꾸며 전설적인 갑부가 될 수 있었던 것 역시 부단한 학습 때문에 가능했다.

어떠한 변화에서도 앞서가고 싶으면 평소 많이 배우고 익혀야 한다. 이렇게 해야 리자청처럼 시대의 변화에 능동적으로 대처할 수 있다.

일을 하면서 꾸준히 학습하는 인재는 성공을 얻게 되고 그렇지 않으면 직장에서 일생을 평범하게 보내거나 심지어는 시대에 뒤떨어져 도태되게 된다.

이런 말이 있다.

'성적은 단지 과거를 설명할 뿐이다. 따라서 노력해야 미래가 있다.'

아무리 과거에 뛰어난 실력과 실적이 있었다 해도 부단하게 노력하지 않으면 미래에는 전혀 소용이 없다.

이소연과 조안나는 소프트웨어를 개발하는 벤처 회사에 입사했다. 이소연은 서울의 명문대학 컴퓨터공학과를 졸업했고 조안나는 전문대학을 졸업하고 작은 회사에서 실무 경력을 쌓고 들어왔다. 이소연은 머리가 좋고 소프트웨어 설계 기술이 뛰어나서 금방 상사의 눈에 띄게 되었다. 반면 조안나는 크게 내세울 것이 없었으므로 이소연은 조안나를 '실력이 없으면 몸으로라도 때워야지'라는 생각으로 무시했다.

이소연은 처음에 입사했을 때는 주목을 받기 위해 열심히 일했고 발군의 실력을 발휘했지만 상사의 총애를 한 몸에 받자 점점 해이해지고 오만해졌다. 연봉도 회사에서 선두를 다툴 정도로 높았으므로 더 이상 죽어라 일할 필요가 없다고 생각하기 시작했다. 그래서 대부분의 시간을 쇼핑하고, 친구들을 만나며 보냈다. 반면 조안나는 회사에서 인정받기 위해 이소연의 몇 배를 노력했다. 3년의 시간이 흘렀을 때 조안나는 자신이 개발한 소프트웨어 프로그램이 네티즌 사이에서 큰 반향을 일으키며 스타가 되었다. 그러나 이소연은 오히려 별다른 실적이 없었다. 새로운 프로그램이 쏟아지는 프로그램 개발업계에서 조안나는 부단한 학습을 통해 나날이 발전해 갔지만 이소연은 자신의 실력만 믿고 노력을 하지 않아서 신기술조차 제대로 파악하지 못하고 있었다. 이곳저곳에서 조안나에게 스카웃 제의가 있었지만 이 벤처회사에서 그녀를 잡기 위해 고액 연봉을 제시했으므로 조안나는 이소연의 몇 배나 되는 월급을 받으며 팀장 자리에 앉게 되었다.

실력을 쌓는 데는 끝이 없고 정상의 자리에 올랐다 해도 계속 앞으로 전진하지 않으면 남에게 추월당하거나 도태되기 십상이다.

미국의 직업전문가는 다음과 같이 말한다.

"현재 직업의 수명은 점점 짧아지고 있습니다. 고액 연봉자도 부단하게 공부하지 않으면 5년 안에 저임금으로 바뀌는 현실입니다.

10명 중에 1명이 컴퓨터 자격증을 가지고 있던 시대에는 그 한 명의 우수함은 명확하게 드러나지만 10명 중 9명이 같은 자격증을 가지고 있는 시대에는 예전에 우수하던 사람도 평범한 사람과 다를 바 없이 취급받습니다."

피터 제닝스는 미국 ABC 저녁 뉴스의 잘 나가는 앵커였다. 그는 고교 중퇴자였지만 끊임없이 공부하고 노력하여 인기 앵커의 자리에까지 올랐다. 그러나 2년 동안 뉴스앵커로 활약하다가 갑자기 사람들이 흠모하는 앵커자리를 그만두고 취재기자로 전국을 누비다가 중동 주재 TV 특파원이 되었다. 사실 인기 뉴스앵커 자리를 내놓고 고생을 자처한다는 것은 아무나 내릴 수 있는 결단이 아니다. 그는 다시 런던을 거쳐 유럽 특파원이 되었다. 이러한 경력을 거친 후 다시 ABC로 돌아와 단독으로 뉴스를 진행했다. 그는 전문가의 평가에 있어서나 시청자들의 앙케이트 조사결과에서도 미국에서 가장 영향력 있는 언론인으로 평가받는다.

그가 고교중퇴의 학력으로 세계적인 앵커가 될 수 있었던 것은 학력을 핸디캡이라 생각하지 않고 항상 공부하는 자세로 자신의 일에 임했기 때문이다.

학교를 졸업함과 동시에 공부도 함께 끝나는 것이 절대 아니다. 우리는 일을 하면서 어떻게 하면 일의 효율을 높일 수 있을까 연구하고 공부해야 하므로 사실 공부에는 끝이 없다 해도 과언이 아니다. 또한 학습을 통해 자신이 부족한 부분을 끊임없이 발견할 수 있으므로 자만에 빠지지 않는다.

시장에서의 경쟁이 날로 치열해지는 가운데 모든 회사들은 부단히 신기술, 신제품, 새로운 서비스를 내놓고 관리상의 혁신을 추구한다. 회사라는 조직의 일원인 직원들도 이러한 상황에 적응하기 위해서 부단히 자신을 새롭게 변화시키고 그러기 위해서는 끊임없이 배워야 한다.

평생 동안 배움의 자세를 유지하기 위해서는 다음과 같은 태도가 필요하다.

(1) 수박 겉 핥기식의 태도를 버려라.

사물을 이해하는 사람은 단지 사실의 반만을 아는 것이다. 정확하게 이해하는 것은 매우 중요한 자기계발이다. 그러나 더 중요한 것은 단지 이해하지 말고 한 걸음 더 나아가 이미 아는 것도 탐색하고, 또 탐색한 다음 실행으로 옮기는 것이 가장 중요하다.

(2) 모르는 것이 있으면 내버려두지 말고 알려고 노력하라.

우리가 일을 하다 보면 새로운 사항 또는 새로운 방식이 끊임없이 나온다. 이때 가르쳐주는 사람이 없으면 스스로 깨우치기는 쉽지 않다. 이미 그것을 알고 있는 전문가에게 자문을 구하거나 학습과 연구를 통해 배우려 노력해야 한다. 자신이 아는 방식으로 대충대충 처리하면 어떠한 발전도 없으며 결과도 좋지 못하다. 이때는

part 5. 오늘의 준비가 미래의 당신을 결정합니다

반드시 학습을 통해 새로운 것을 배워나가야만 한다.

묻는 것은 한순간의 창피지만 묻지 않으면 평생 동안 창피하게 된다. 언제나 노트를 들고 다니며 잘 모르는 것이 있을 때 적어 놓았다가 모르는 것을 알게 될 때까지 학습하라.

(3) 회사의 교육 프로그램에 적극적으로 참여하라.

많은 회사들은 직원들을 훈련시키는 교육프로그램을 실시한다. 회사의 교육프로그램과 업무내용은 밀접한 관련이 있기 때문에 적극적으로 참여하면 업무의 발전에도 큰 도움이 된다. 또한 재교육 프로그램도 많이 실시하는데 이에 주동적으로 참여하면 업무에 대한 깊은 지식을 쌓을 수 있고 자신이 알지 못하는 새로운 지식들을 배울 수 있다. 자신에게 필요한 부분이 무엇인가를 분석하고 필요한 부분에 대해서는 보충해야 점점 완벽한 업무능력으로 발전하게 된다.

일찍이 장자莊子는 "삶은 유한하지만 앎은 무한하다"라고 말했다. 현대처럼 빠르게 변화 발전하는 시대에 몇 년 전에 배운 지식으로는 시대의 추세를 따라갈 수 없다. 통계에 따르면 현재 세계 지식의 90%는 근 30년 동안 나온 지식으로서 현재는 지식의 수명이 단지 5~7년 정도 밖에 안 된다고 한다. 우리의 능력은 마치 건전지와도 같아서 시간이 지나면 지속적으로 충전을 해주어야 한다. 학습은 바로 그 충전기와도 같다는 것을 명심하라.

02 _ 역할모델을 찾아라

자기계발에 있어 역할모델을 찾는 것은 동기부여를 위해 매우 중요하다.
고흐는 자신의 역할모델을 〈만종〉의 밀레로 삼고
그와 같은 위대한 화가가 되기 위해 어려운 환경 속에서도 예술의 열정을 불태웠다.
역할모델이 있음으로 해서 나아갈 방향을 찾을 수 있고
효과적으로 목적지에 도달할 수 있으므로 역할모델은 또 하나의 스승이다.

모든 창조는 모방에서부터 시작된다. 성공하고 싶다면 먼저 성공한 모델을 찾고 그 사람을 모방할 필요가 있다. 주위를 자세히 둘러보거나 열심히 찾아보면 우리 주위에는 배울 만하거나 성공한 사람들이 있다. 또는 책을 통해 위대한 사람들을 수없이 만날 수 있다.

배울 만한 좋은 스승, 유익한 친구나 동료 모두는 성공을 위한 필요조건이다. 성공한 사람들에게는 반드시 훌륭한 스승과 좋은 친구들의 도움이 있다. 훌륭한 스승이나 좋은 친구들을 만나고 싶다면 적극적으로 강좌, 강연 등의 활동에 참가해 보라. 주위에 자신에

part 5. 오늘의 준비가 미래의 당신을 결정합니다

게 도움을 줄 수 있는 파트너를 최대한 늘리고 자신에게 영향을 주고 지적해 줄 수 있는 사장이나 자극을 줄 수 있는 많은 친구들을 사귀어야 한다. 이렇게 하면 끊임없이 향상되는 자신의 모습을 발견할 수 있다.

노키아는 전세계 휴대폰 시장의 29%를 점유하여 세계 휴대폰 업계의 최고 강자로 군림하고 있다. 2003년에는 전직원의 40%를 차지하는 세계 각지에서 선발한 20000명의 직원이 연구개발에 참여했다. 이렇게 수많은 연구원 중에서 두각을 나타내기 위해서는 특별한 점을 갖추고 있지 않으면 안 된다. 드탕 마란은 자신의 주위에 있는 우수한 인재들의 우수한 점을 배우고, 모방하고, 이용하여 자신의 실력을 높임으로써 많은 인재 중 두각을 나타낸 인물이다. 그는 노키아의 프랑스연구개발센터의 주임이 되어 회사에 크게 공헌했다. 드탕이 노키아프랑스연구개발센터에 막 입사했을 때는 다른 직원들처럼 대학을 갓 졸업하여 실무경험도 없는 인턴사원이었다. 복잡하고 힘든 연구를 만나면 허둥대기가 일쑤여서 일류사원이 되고 싶은 그에게는 큰 고민거리 중의 하나였다.

인턴생활을 끝내고 정식직원이 되기 얼마 전, 센터에 새로운 주임이 왔는데 그가 유명한 연구개발의 대가 카멜이었다. 그의 연구활동 기간에 그는 노키아의 휴대폰 사업을 안정적인 궤도에 올려놓는데 크게 공헌한 인물이다. 그는 전형적인 독일인으로 엄격하고 정확하며, 동시에 경험이 풍부하고 박식했다. 이것은 빨리 많은 것을 배우고 싶었던 드탕이 원하는 모든 것이었다. 여러 번 생각하고 고민한 후에 그는 용기를 내어 카멜의 사무실 문을 두드리고 들어가 이 연구개발의 대가에게 그의 조수가 되어 많은 것을 배우고 싶다고 말했다. 카멜은 그의 용기와 학구열에 감동을 받아 흔쾌히 그의 요구를 수락했다. 이때부터 이 훌륭한 스승의 지도와 자신의 끊임없는 학습과 모방을 통해 드탕의 실력은 빠르게 발전하였다. 일 년 후 카멜이 연구소를 떠날 때 드탕은 뛰어난 연구개발 능력을 인정받아 연구개발센터의 신임 주임이 되었다. 이때부터 그의 성공은 날개를 달기 시작했다.

성공한 사람이나 업계에서 최고봉의 자리에 오른 모든 인물들은 중요한 정보에 정통하기 때문에 앞을 내다보는 예지력을 갖추고 있다. 그들의 주위에는 우수한 사람들이 많이 모여 있으므로 이 사람들로부터 배움은 물론 정보와 기회를 얻는다. 모방은 시행착오를 줄이고 빠른 시간 안에 많은 것들을 배울 수 있으므로 배움에 있어 효과적인 수단이다.

따라서 일을 하면서 어떤 사람들을 사귀고 어떤 인물을 역할모델로 삼느냐는 매우 중요하다. 자신보다 우수한 사람들과 많은 교분을 쌓으면 자신에게 큰 이익이 된다.

미국에 애비 파커라 불리는 농촌에 사는 소년이 있었다. 어느 날 잡지에서 대기업에 관한 이야기를 읽고 더 자세하게 알고 싶고 충고도 듣고 싶은 마음에 뉴욕으로 달려갔다. 회사가 몇 시에 문을 여는지도 상관하지 않고 아침 7시에 잡지에 기사를 쓴 웨인 애스터의 사무실에 도착했다.

사무실로 들어서자마자 파커는 즉시 앞에 서 있는 키가 크고 눈썹이 짙은 사람이 웨인 애스터라는 것을 알아보았다. 애스터는 내심 촌스러운 이 소년을 상대하기 싫었으나 소년이 그에게 묻는 다음과 같은 질문을 가만히 들었다.

"어떻게 하면 100만 달러를 벌 수 있는지 알고 싶습니다."

이때 애스터의 표정은 온화하게 바뀌었고 그 소년과 한 시간 동안 이야기를 나누었다. 또한 소년에게 어떤 기업의 인사를 만나면 좋을지도 알려주었다.

파커는 애스터의 지시에 따라 일류 기업인, 편집장, 은행가들을 방문했다.

파커에게는 어떻게 돈을 버는가라는 문제에 대한 충고보다는 성공한 사람들을 알게 되었다는 무한한 자신감이 생긴 것이 더 큰 도움이 되었다. 이후 소년은 성공한 사람들의 방법을 그대로 따라하였다. 2년이 지났다. 이 20세의 청년은 자신이 견습공으로 있던 공장의 소유주가 되었고 24세 때는 농기구를 만드는 공장의 사장이 되었다. 그 뒤 5년도 지나지 않아 자신이 원하던 백만장자가 되었다. 시골에서 가난하게 자란 시골 소년이 결국 은행 이사회의 일원이 되었다.

파커가 재계에서 활약한 67년 동안 그는 젊은 시절 뉴욕에 와서 배운 기본 신조를 실천했다. 바로 그것은 자신에게 도움이 될 만한 사람들과 교분을 쌓는 일이다.

부자가 되는 비법도 이미 큰 부자가 된 사람들이 했던 돈 버는 방법을 모방하는 것이라 한다. 따라서 배울 점이 많은 사람들을 모방하는 방법은 탁월로 가는 지름길이다.

자신의 일에서 독창성으로 큰 성공을 거둔 사람들도 원래 남의 것을 모방하고 거기에 자신만의 독특한 아이디어나 방법을 보태어 독창성으로 발전시켰다.

월마트의 창립자인 샘 월튼은 "제가 하는 모든 일의 방법은 다른 곳에서 배운 것들입니다"라고 자신의 방법론을 말한다.

모방과 창조는 결코 서로 모순되는 성질의 것이 아니다. 생소한 일을 만나면 처음에 이해하기 어렵고 어디서부터 손을 댈지 몰라 쩔쩔맨다. 이때 다른 사람의 경험을 거울삼거나 다른 사람들이 하는 방식을 따라하는 것이 일을 빨리 배울 수 있는 가장 효과적인 방법이다.

42세에 아무것도 이룬 것이 없는 프랑스인이 있었다. 그는 자신의 삶에는 언제나 운이 없다고 생각했다. 이혼, 파산, 실업 등 그는 자신이 왜 사는지 인생이 너무 허무하게 느껴졌다. 그래서 신경질적이고 우울하며 나약한 사람으로 변해 버렸다. 하루는 한 점쟁이가 파리의 길거리에서 점을 보고 있었다. 그는 자신의 운명을 알고 싶어 그곳으로 들어갔다. 점쟁이는 그의 손금을 보며 "당신은 위대한 사람입니다. 정말 대단하군요!"라고 말했다.

"네?" 그는 매우 놀랐다. "제가 위대하다고요? 농담하십니까?"

점쟁이는 "당신이 누군지 아십니까?"라고 조용하게 말했다.

"제가 누굽니까?"

그는 속으로 생각했다. '나는 운도 복도 지지리 없는 놈이지. 가난하고, 삶도 나를 버렸으니까.' 그러나 점쟁이에게 "제가 누굽니까?"라고 물었다.

"당신은 위대한 사람입니다"라고 점쟁이가 대답했다. "당신은 나폴레옹이 환생한 사람입니다. 당신의 몸에 흐르는 피 그리고 용기와 지혜 모두 나폴레옹의 것입니다. 당신의 얼굴도 상당히 나폴레옹을 닮았는데 모르고 계셨습니까?"

"그럴 리가 없어요……." 그는 의심스런 눈초리로 말했다. "저는 이혼했고, 파산했고, 실업자 신세입니다. 저는 돌아갈 집도 없어요……."

"그것은 당신의 과거일 뿐입니다." 점쟁이가 말했다. "당신의 미래는 정말 대단할 겁니다. 만약 못 믿겠다면 돈을 내지 마세요. 그러나 5년 후 프랑스에서 가장 성공한 사람이 되어 있을 겁니다. 당신은 나폴레옹의 화신이기 때문이죠!"

프랑스인은 전혀 믿을 수 없다는 표정으로 점보는 집을 떠났다. 그러나 마음속으로 어쩐지 기분이 좋고 갑자기 나폴레옹에 대한 호기심이 용솟음쳤다. 집으로 돌아가자마자 나폴레옹과 관련된 책을 모조리 찾아 읽기 시작했다. 시간이 흐르면서 그는 점점 주위의 환경이 바뀌는 것을 느끼기 시작했다. 친구, 가족, 동료, 사장 모두 다른 눈으로 자신을 보기 시작했다. 사업은 갑자기 순조로워졌다. 후에 그는 바뀐 것은 사실 아무것도 없지만 자신이 바뀐 것을 발견했다. 나폴레옹을 따라 하다 보니 모르는 사이에 성격과 생각이 모두 바뀌었다. 13년 후 그가 55세가 되었을 때 억만장자가 되어 프랑스의 유명인사가 되었다.

그는 나폴레옹을 모방함으로써 나폴레옹을 이해하게 되었고 이를 통해 자신의 운명을 바꿨다. 그가 누구를 모방했느냐가 중요한 것이 아니라 성공한 사람의 행동을 모방함으로써 자신의 태도를 바꾸었고 이것이 성공의 디딤돌이 되었다.

우리는 일을 하다 보면 예상치 못한 문제에 부딪히고 풀리지 않는 난제들과 만난다. 이때 그것에 대한 경험도 지식도 전혀 없을 때가 있다. 그럴 때는 이미 경험이 있는 사람의 조언을 듣고 따라하거나 귀감이 될 만한 모델을 그대로 모방하면 짧은 시간에 효과적으로 일을 처리할 수 있다. 일에서 성공을 거두는 많은 사람들은 다른 사람들의 경험이나 지식에서 지름길을 찾아내고 적절한 방법을 배우는 데 능숙하다. 따라서 자신에게 맞는 역할모델을 찾아 연구하고 모방하여 그들의 우수성을 철저하게 몸으로 체득해야 한다.

03 _ 전문성은 가장 큰 경쟁력이다

힐튼 호텔의 사장이 일찍이 말했다.
"우리 호텔의 가장 평범한 직원들도 모두 자신의 일을 사랑합니다.
당신은 노동계의 아인슈타인을 상상할 수 있습니까?
만약 상상할 수 없다면 당신은 이 업계에서 일할 자격이 없습니다."
어떤 일이든 그 업계에서 최고가 된다면 그 사람은 성공인이다.
동종 업계에서는 남들보다 뛰어난 경쟁력을 갖고 있고
다른 업계와 비교하면 자신만의 전문성을 갖고 있기 때문이다.

코끼리와 두더지의 우화가 있다. 코끼리 사장은 이전에는 보통의 코끼리였다. 그러나 열심히 노력해서 한 가지 기술을 익혀 자신의 회사를 차렸다. 그래서 먹고 살 만한 수입을 얻었다. 직원인 두더지는 하루종일 자질구레한 일로 바빴지만 크게 이룬 것이 없었다. 어느 날 두더지는 코끼리 사장의 성공비밀을 깨닫고 고군분투하여 끝내 '금으로 된 씨앗'을 발견하였다. 두더지는 건장한 가슴, 발달한 골격과 근육, 날카로운 이를 가지고 있어 땅을 파는 기능이 뛰어났기 때문에 땅에 묻혀 있는 금씨앗을 발견하는 것이 가능했다. 만약 코끼리처럼 큰 몸집을 가지고 있었다면 땅을 파는 것은 불가능하므로 금씨앗 또한 찾지 못하는 것이 당연하다. 두더지의 뒤늦은 성공은 자신이 가지고 있는 재능을 발견한 것에서부터 시작되었다.

사람들 역시 각자 자신이 타고난 재능이 다르고 잘하는 분야가 다르다. 남들보다 두각을 나타내고 싶다면 자신이 잘 할 수 있는 분야를 찾아 매진하는 것이 성공으로 가는 가장 빠른 방법이다.

캐나다에 사는 소년 자니 마빈의 아버지는 목수고 어머니는 가정주부다. 이 부부는 아들을 대학에 보내기 위해 근검절약으로 모은 돈을 차곡차곡 저축하였다. 마빈이 고등학교 2학년 때의 일이다. 학교에서 초빙한 심리학자가 이 16세의 소년을 사무실로 불러 "자니, 너의 각 학과목의 성적과 체력검사를 자세하게 검토했다"라고 말했다.

"저는 열심히 공부했습니다." 마빈이 말참견을 했다.

"문제가 바로 그거야." 심리학자가 말했다. "너는 열심히 공부하지만 성과는 별로 없잖아. 고등학교 과정이 너로서는 감당하기에 역부족인 것 같다. 유급을 했으니 다시 배워야 하는데 시간낭비가 아닌가라는 생각이 들어."

아이는 두 손으로 얼굴을 가리며 말했다.

"부모님이 괴로워하실 겁니다. 제가 대학에 들어가기를 원하시거든요."

심리학자는 자니의 어깨를 두드리며 말했다.

 part 5.
오늘의 준비가 미래의 당신을 결정합니다

"사람의 재능은 각양각색이야. 기술자는 악보를 읽지 못하고 화가 중에 구구단을 전부 외우지 못하는 사람들도 있지. 그러나 각자 잘하는 게 있게 마련이고 너 또한 예외일 수 없지. 언젠가 너도 너가 가지고 있는 재능을 발휘할 날이 올 거다. 그때 네 부모님도 너를 자랑스러워하실 거야."

마빈은 이때부터 학교에 나가지 않았다. 작은 도시에서 생계를 위한 일거리를 찾는 것은 쉽지 않았다. 어렵게 마빈은 농원에서 화초 다듬는 일을 시작했다. 오래지 않아 고용주는 그를 눈여겨보기 시작했다. 그의 화초 다듬는 솜씨가 수준급이었기 때문이다. 사람들은 그를 '가위손'이라 불렀다. 그의 가위를 거치기만 하면 신기하게도 화초는 아름답게 잘 자랐다. 그에게도 기회가 왔다. 하루는 시내에 들어갔는데 시청 뒤쪽으로 가게 되었고 멀지 않은 곳에 시의원이 있었다. 마빈은 오물로 가득 찬 쓰레기장을 발견하고는 서 있는 시의원에게 물었다.

"선생님, 이 쓰레기장을 화원으로 바꿔도 되는지 대답해 주실 수 있으세요?"

"시정부는 그럴 예산이 없습니다." 시의원이 대답했다.

"돈은 필요 없습니다." 마빈이 말했다. "허락만 해주시면 됩니다."

시의원은 돈을 받지 않고 일하는 사람을 본 적이 없었으므로 이상하게 생각했다. 그는 더 많은 얘기를 나누기 위해 이 청년을 사무실로 데리고 갔다.

그날 오후 그는 공구, 씨앗, 비료를 챙겨 다시 왔다. 그의 친한 친구는 그를 위해 묘목을 보냈고 고용주는 장미묘목을 주었다. 어떤 이는 울타리 재료를 챙겨 보냈다. 이 소식은 시내에서 제일 큰 가구공장에도 전해져서 공장 주인이 무료로 공원 벤치를 보내주었다.

곧 더러웠던 쓰레기장이 아름다운 공원으로 변모했다. 푸릇푸릇한 잔디와 구불구불한 산책로가 있고 사람들은 벤치에 앉아 지저귀는 새들의 노래를 들었다. 마빈은 새들의 보금자리도 잊지 않았다. 도시 사람들은 혼자서 대단한 일을 해냈다고 끊임없이 칭찬했다. 사람들은 마빈의 재능을 보며 그가 천부적인 원예예술가라고 인정했다.

이것은 25년 전의 일로 지금 마빈은 이미 캐나다에서 가장 유명한 원예예술가가 되었다.

그는 불어도 잘하지 못했고 라틴어는 전혀 이해하지 못했기 때문에 고등학교 시절 그의 미래는 불투명했다. 그러나 원예예술은 그가 가지고 태어난 재능이었다. 그의 부모님은 그를 매우 자랑스러워하신다. 단지 그가 사업에서 크게 성공했기 때문이 아니라 그의 사업이 궁극적으로 사람들이 쾌적하고 아름다운 환경에서 살도록 하는 의미 있는 일이기 때문이다. 그가 일하는 곳은 어디든지 아름다움이 가득하다.

어떤 일을 하든 자신의 분야에서 최고가 된다면 그는 성공한 사

part 5. 오늘의 준비가 미래의 당신을 결정합니다

람이다.

따라서 우리는 남의 떡을 쳐다보기 이전에 자신이 하는 분야에서 전문지식을 기르고 이를 바탕으로 프로정신을 가져야 한다.

한 체인 업계의 일인자는 자신의 성공 비결을 말하는 도중 이런 말을 했다.

"체인점의 영원한 베스트셀러는 17센티미터 두께의 햄버거와 $4°C$의 콜라다."

이 두 개의 숫자는 반복적인 연구와 조사, 실험을 통해 얻은 결과다. 물론 체인점에서 20센티미터 두께의 햄버거와 $6°C$의 콜라를 팔 수도 있다. 그러나 사람들의 기호에 가장 맞는 정확한 두께와 온도를 그는 자신의 일에서 체득했다. 바로 이 작은 차이 때문에 그는 업계의 일인자가 될 수 있었고 이렇게 자신이 하는 일에 대해 전문성을 갖고 있느냐 없느냐는 커다란 성공을 가져오느냐 아니냐의 명확한 결과로 판가름난다.

이 전문성은 자신이 하는 일을 깊이 연구하고 부단히 노력하는 학습을 통해 얻을 수 있다. 자신이 하는 일을 더 완벽하게 하려는 집착은 전문성으로 이어지고 회사에 이익을 더하고 고객의 감동을 끌어낸다.

미국 사우스웨스트 항공사는 서비스와 안전과 시간의 정확도에서 세계 최고의 기록을 보유한 일류 항공회사다. 이것은 2만여 명에 이르는 직원들이 자신의 일에서 최고의 전문성을 발휘하기 때문이다. 기자가 승무원들을 관리하는 관리자에게 물었다.

"직원들을 선발하는 기준이 무엇입니까?"

수석 행정관리원 하포는 대답했다.

"우리는 경청, 관심, 미소, 감사의 말과 열정 등 승무원으로서 갖추어야 할 전문적인 서비스 정신을 갖추고 있는지 아닌지로 판단합니다."

그녀는 덧붙여 말한다.

"하늘을 날 수 있는 승무원들은 많지만 태도가 양호하고 서비스가 좋은 프로정신을 갖춘 승무원들은 많지 않습니다."

우수한 사원이 되기 위해서는 전문성을 기초로 하여 자신의 일에서 프로정신을 발휘해야 한다.

영화배우 성룡은 세계적으로 성공한 배우다. 그는 뛰어난 무술 실력을 겸비하고 있을 뿐 아니라 위험한 장면도 대역을 쓰지 않고 직접 연기한다. 홍콩배우에서 세계적인 배우로 발돋움할 수 있었던 것도 몸을 사리지 않는 철저한 프로정신 덕분이었다. 그의 이러한 프로정신은 영화계 안에서도 모르는 사람이 없을 정도로 매우 유명하다.

직장에서도 마찬가지다. 자신이 하는 일에 있어서 일류가 되기 위해서는 전문지식을 갖추고 그 지식을 발휘하기 위한 프로정신으로 무장해야 한다. 예를 들면, 영업사원의 프로정신은 판매기술을 연마하고 새로 출시되는 상품들에 대하여 공부하고 회사 판매에 이익이 되는 일이라면 어디든 최선을 다해 뛰어다니는 열정이다. 판매하는 과정에서 수많은 거절과 좌절을 겪더라도 끊임없이 자신을 격려하며 자신의 목적을 관철시키는 끈기를 가져야 한다. 연구원의 프로정신은 기술상의 난제를 해결하기 위해 밤잠을 잊고 연구하고 학습하며 자신을 충전함으로써 업무능력을 높이는 정신이다. 또한 새로운 지식들을 놓치지 않기 위해 부단히 전문잡지와 학술서적을 탐독하며 전문지식 배양에도 힘써야 한다. 이렇게 전문성과 프로정신으로 무장한 사원들은 회사에 많은 이익을 가져오고 실적으로 공헌한다. 회사의 발전은 바로 이런 사원들의 땀과 노력에 의해 결정된다고 할 수 있다. 당신이 어떤 분야에서 일을 하든 그 분야에서 최선을 다하고 일류가 되라. 드넓은 세상에서 우뚝 솟아오를 수 있는 발판이 된다.

04_ 현재 하고 있는 일의 모든 것은 당신의 미래를 키우는 밑거름이다

이런 격언이 있다. '실패는 준비가 부족하기 때문에 생기는 결과다.'
아무리 개인적으로 노력하고 조직을 위해 희생을 한다 해도
일에서의 세부사항을 철저하게 파악하지 않고 일을 대충대충 끝내면
성공의 꿈을 실현할 수 없다.
성공하고 싶다면 자신이 하고 있는 일의 모든 것을 숙지하라.
또한 실패에서도 교훈을 배워라.
현재의 철저한 준비가 당신의 미래를 키우는 밑거름이다.

존 록펠러는 말했다.

"사람들이 어떤 젊은이의 미래가 전도유망하다고 칭찬하면 저는 언제나 가장 먼저 이것을 물어 봅니다. '그는 일을 열심히 합니까? 일에서 자질구레한 일까지도 성실히 하나요? 일의 세부사항까지도 철저히 알고 있습니까?'"

세부사항을 철저하게 장악하느냐 아니냐는 일의 성패를 결정하고 미래를 좌우한다. 따라서 일에서 자질구레한 일들과 세부사항을 절대 무시해서는 안 된다.

현대 사회는 양극화가 동시에 진행되는 사회다. 치열한 경쟁 속에서 기업의 규모는 점점 거대해지지만 그 내부에서는 분업과 전문화가 갈수록 심화되고 있다. 따라서 사원들에게 요구되는 기준도 '일은 천천히 해야 정교한 작품이 나온다'에서 '빨리하면서도 완벽한 결과를 만들어라'로 바뀌었다. 이에 일의 완성도가 그 어느 때보다 중시되고 있으며 이를 위해서는 세부사항은 결정적인 역할을 한다.

어떤 일은 보기에 보잘것없어 보여도 깊은 연구가 필요하고 어떤 일은 어렵고 힘들어 보여도 열심히 탐구하면 확실히 이해할 수 있게 된다. 이런 자세로 일을 대하면 어떤 문제점이나 어려움을 만나도 극복하고 한 단계 한 단계 발전하여 탁월의 경지에 이른다. 그러나 이러한 과정이 없으면 같은 일을 수없이 반복해도 언제나 처음과 같은 수준에 머무른다. 이런 사람들의 평소 태도는 일의 세부사항에서 '대충 그렇다'와 '그럴 것이라 생각한다'의 어림짐작으로 처리하므로 모르는 것은 끝까지 '대충대충'의 수준으로 남게 되고 개인적인 발전도 없으며 성공의 결과도 오지 않는다. 따라서 세부사항을 소홀히 하면 결과적으로는 자신에게 손해다.

중국에서 전해지는 이야기가 있다. 한 우애가 돈독한 형제가 있었다. 그러나 재산분할 문제로 둘이 싸움을 대판 벌이고 철천지원수가 되었다. 이에 두 사람이 동업으로 시작한 음식점을 나누어 운영하게 되었다. 그 뒤로 서로 오가는 일도 없었다. 서로 나뉜 후에

형의 음식점은 날이 갈수록 손님이 줄어 파산 직전에 이르렀지만 동생의 음식점은 장사가 잘 되어 돈이 끊임없이 들어오고 손님은 갈수록 많아졌다. 형이 이유를 알고 싶어 마을의 노인을 찾아가 "저와 동생이 같은 음식점을 운영하는데 왜 동생만 장사가 잘 되고 손님이 넘쳐날까요? 저는 뭐가 모자라서 장사가 잘 안 됩니까? 정말 답답합니다"라고 여쭈었다.

노인이 껄껄 웃으며 대답했다.

"일에 있어서의 치밀함의 차이라고 봐야지. 너는 동생이 너와 분가한 후 어떻게 하는지 보지 못했지? 동생은 화가를 불러 자신이 생각한 대로 음식점 내부를 다시 꾸몄어. 벽을 다시 칠하고 탁자 색상을 바꾸고 구석구석을 예쁘게 장식했지. 비록 외부는 크게 바뀌지 않았어도 내부를 분위기 있게 잘 꾸며 놓으니까 입소문이 나서 손님이 계속 늘어나는 거야. 그리고 듣자하니 화가가 쓴 색상이 식욕을 크게 북돋우는 색상이라더군. 장사가 잘 되는 원인 중의 하나라고 하더구나."

비록 색상과 분위기를 바꾸는 작은 변화였지만 그 효과는 결코 작지 않았다.

필립스 광고 중에 유명한 카피가 있다.

'작은 차이가 명품을 만듭니다.'

여기서 작은 차이는 바로 세부사항이다. 동생처럼 동일한 조건에서도 어떻게 하면 더 치밀하게 일을 처리할 수 있을까, 어떻게 하면 작은 차이로 큰 효과를 가져올 수 있을까를 고민하면 일에서 탁월해질 수 있고 그 결과는 작은 차이에서 큰 차이로 발전하게 된다. 이처럼 직장에서 일하는 사원들 또한 자신의 임무를 깊이 알고 그것과 관련된 세부사항을 숙지해야 한다.

젊은 시절 록펠러가 석유회사에 처음 입사했을 때는 학력도 변변치 못하고 기술도 없었기 때문에 석유통 덮개에 자동 땜질이 잘 되는지 아닌지를 검사하는 일을 맡았다. 이것은 회사 전체에서 가장 간단하고 재미없는 일로 3살짜리 아이도 할 수 있는 그런 일이었다. 매일 록펠러는 용접제가 자동으로 떨어져 석유통 뚜껑을 한 바퀴 두르고 용접이 끝난 석유통이 실려 나가는 것을 지켜봐야만 했다.

반 년 후, 록펠러는 더 이상 참을 수가 없어 책임자에게 제발 다른 일로 바꿔달라고 요청했지만 바로 거절당했다.

책임자는 조급해하는 이 청년에게 말했다.

"자네의 현재 경력과 조건을 가지고 우리는 자네에게 그 일 이외에는 맡길 것이 없네. 그렇지만 자네에게 한 가지 충고를 해주고 싶군. 만약 큰 꿈을 갖고 있다면 지금 제일 단순한 일을 하고 있더라도 남들보다 어떻게 하면 잘 할 수 있을까를 고민하게. 세상에는 중요하지 않은 일이 없다는 것을 명심해."

록펠러는 이 말을 듣고 어쩔 수 없이 다시 같은 자리로 돌아왔다. 그리고 가만히 책임자의 말을 생각했다. 자신이 지금 당장은 단순하기 짝이 없는 일을 하고 있더라도 현재의 일을 잘 해내면 다른 사람들에게 능력을 인정받고 더 많은 기회를 얻을 수 있다는 결론을 내렸다. 그리고 이렇게 생각했다. '더 좋은 일로 바꿀 수 없다면 현재의 일에 최선을 다하자. 이 일도 매우 중요한 일이야.'

이에 록펠러는 열심히 일하기 시작했다. 그는 용접제가 떨어지는 양과 속도를 자세히 관찰하고 연구함으로써 용접이 끝난 석유통 뚜껑에는 용접제가 39방울 떨어진다는 사실을 발견했다. 그는 치밀한 계산을 통해 용접제가 38방울만 떨어져도 석유통 뚜껑이 완전하게 용접이 된다는 결론을 얻었다.

반복적으로 측량하고 실험하여 나중에 록펠러는 '38방울형' 용접기를 개발했다. 이 용접기를 사용하면 원래 사용하던 용접기와 비교하여 석유통마다 한 방울의 용접제를 절약하는 효과가 있다. 그러나 이 한 방울의 절약이 일년으로 따지면 회사가 5억 달러의 지출을 절감할 수 있도록 했다. 또한 이 한 방울은 록펠러가 석유대왕으로 가는 길을 비추는 첫 신호탄이 되었다.

이렇게 우수한 사원은 일의 세부사항을 철저히 숙지하여 회사에 큰 이익을 가져오는 공헌을 한다. 자신 또한 사장과 회사로부터 실력을 인정받고 성공의 꿈을 실현한다.

그러나 우리는 일을 하면서 많은 실패에 부딪히기도 한다. 이 실패가 결코 영원한 실패는 아니라는 것을 명심해야 한다. 실패를 통해 교훈을 얻고 성공의 밑거름으로 삼는 자세가 필요하다. 실패

part 5. 오늘의 준비가 미래의 당신을 결정합니다

속에서 더 많은 것을 배울 수 있으며 실패 속에서 얻은 많은 경험을 통해 성공과 만날 수 있다.

도스 루어는 현재 한 금융회사의 미국캘리포니아 지사에서 일하고 있는 일류사원 중의 한 사람이다. 그는 5년 연속 업무에서 한 점의 실수도 없었으며 500명이 넘는 고객의 추천을 얻었고 동료들과 임원들에게서 만장일치로 인정을 받았다. 그러나 이 모든 성공이 저절로 얻어진 것이 아니라 수많은 실패를 통해 배우고 경험해서 얻은 최종의 결과다.

그가 회사에 입사했을 때는 회사의 돌아가는 상황을 잘 파악하지 못했다. 사회생활에 대한 아름다운 환상으로 가득했기 때문에 좋게좋게 넘어가면 그만이라고 생각했다. 그러나 계속되는 실패는 그의 환상을 무너뜨렸고 자신의 일이 그리 간단한 것이 아니라는 것을 깨닫게 했다. 출근한 지 한 달이 되었을 때 부장에게 제출한 보고서에 큰 착오가 있었다. 그는 사용해 본 적이 없는 공식으로 계산을 했고 이 때문에 계산에 실수가 생겨 결과는 대실패였다. 부장은 다시 보고서를 작성해 오라고 그에게 던졌다.

루어는 이 첫 번째 실수를 통해 자신의 전문지식에 결점이 많다는 것을 알게 되었다. 그는 이 계산공식에서부터 시작하여 관련지식을 다시 통째로 공부하여 이 분야의 전문가가 되었다.

이후로도 그는 각종 실패에 부딪혔다. 그러나 그는 실패에서 교훈을 얻고 그것을 거울삼아 더 열심히 공부했다. 고객과의 면담을 실패한 경험으로부터 배워 나중에는 고객상담의 달인이 되었다. 첫 번째 고객을 발굴할 때의 실패를 거울삼아 후에 지사 고객의 15%를 자신이 발굴해 내는 실적을 거두었다. 이 모든 것이 실패로부터 배운다는 자세 때문에 가능했다.

이처럼 우리는 성공한 사례 이외에도 실패로부터 성공하는 법을 배우게 된다. 오히려 실패는 우리에게 더 귀중한 교훈을 선사한다. 따라서 일에서 부딪히는 실패로부터 배우고 더 나아가 그것을 보충하기 위해 끊임없이 공부하면 실패를 역전시켜 성공으로 나아가게 된다.

당신이 현재 하고 있는 일의 모든 것은 미래를 위한 귀중한 보석들이다. 하찮고 자질구레한 일, 단순하고 반복적인 일, 일의 세부사항, 실패 이 모든 것이 지금 당장은 괴롭고 받아들이고 싶지 않게 느껴져도 당신을 키우는 자양분이다. 따라서 중요한 것에서부터 단순한 것까지, 어려운 것에서 쉬운 것까지, 성공에서 실패까지 일의 모든 것을 철저히 자기 것으로 만들어라. 현재의 평범한 일들이 바로 미래의 성공을 위한 가장 큰 밑거름이라는 사실을 잊지 마라.

| 후기 |

인간은 누구나 일을 해야 한다.

자신과 가족의 생계유지에 필요한 돈을 목적으로 하거나 사회에서 고립되지 않기 위해서라도 일을 해야 하지만 가장 중요한 것은 누구를 위해 일하는가이다.

최근 일을 하고 싶어도 일자리를 못 구하는 사람이 많은 것을 생각하면 일을 하게 된 기회를 가진 것도 어느 면에서 감사해야 할지도 모른다.

한국인들이 전세계에서 가장 일을 많이 하지만 세계 어느 나라 노동자보다 직업만족도가 낮고 그 생산성이 크게 떨어진다는 지적이 있다.

또한 대학생이나 성인을 대상으로 직업사회의 변화와 진로설계와 경력개발을 강의하다 보면 자신의 인생문제를 다루는 데도 무기력하게 임하는 것을 보고 적잖은 답답함을 느꼈다.

필자도 지난 1984년 이후 20년 이상 직장생활을 하고 있고 많은 직장인들을 만나서 얘기를 해 보지만 자신의 일에 신명과 열정을 보내는 사람은 많지가 않다.

월급만 생각하는 회사원, 일 자체만 바라보는 직업인을 벗어나 일을 자신의 사업이라 생각하면서 열정을 다하는 사람이 되어야만 자기 자신의 인생을 성공으로 이끌 수 있다.

이 책은 단 하나만을 말하기 위해 쓰여졌다.

"당신은 누구를 위해 일하십니까?"

그 외에 다른 문제들은 이 책에서 말하려는 바가 아님을 밝힌다.

우리는 도대체 누구를 위해 일하는 것일까?

자신에게 한번쯤 물어봐야 한다.

이 부분이 명확하지 않은 사람은 성공과 거리가 멀어질 가능성이 많다.

살아가면서 책임을 미루거나 일에 대한 열정이 사라져서 어느 순간 일이 싫어지기도 한다. 그럴 때엔 잠시 일을 손에서 놓고 간단하지만 심오한 인생의 의미를 지닌 이 문제를 천천히 생각해 보기 바란다.

"나는 누구를 위해 일하는가?"